मैत्रेय

मैत्रेयी पुष्पा का जन्म 30 नवम्बर, 1944 को अलीगढ़ ज़िले के सिकुर्रा गाँव में हुआ। आरम्भिक जीवन ज़िला झाँसी के खिल्ली गाँव में बीता।

बुन्देलखंड कॉलेज, झाँसी से हिन्दी साहित्य में एम.ए. किया। आप हिन्दी अकादमी, दिल्ली की उपाध्यक्ष रहीं।

प्रकाशित कृतियाँ : *चिन्हार, गोमा हँसती है, ललमनियाँ तथा अन्य कहानियाँ, पियरी का सपना, प्रतिनिधि कहानियाँ, समग्र कहानियाँ* (कहानी-संग्रह); *बेतवा बहती रही, इदन्नमम, चाक, झूला नट, अल्मा कबूतरी, अगनपाखी, विज़न, कही ईसुरी फाग, त्रिया हठ, गुनाह-बेगुनाह, फ़रिश्ते निकले, नमस्ते समथर* (उपन्यास); *कस्तूरी कुंडल बसै, गुड़िया भीतर गुड़िया* (आत्मकथा); *वह सफ़र था कि मुक़ाम था* (संस्मरण); *खुली खिड़कियाँ, सुनो मालिक सुनो, चर्चा हमारा, आवाज़, तब्दील निगाहें* (स्त्री-विमर्श); *फ़ाइटर की डायरी* (रिपोर्ताज)।

फ़ैसला कहानी पर टेलीफ़िल्म *वसुमती की चिट्ठी* और *इदन्नमम* पर *मंदा हर युग में* धारावाहिक का प्रसारण।

प्रमुख सम्मान : *सार्क लिट्रेरी अवार्ड, द हंगर प्रोजेक्ट* (पंचायती राज) का *सरोजिनी नायडू पुरस्कार, मंगला प्रसाद पारितोषिक, प्रेमचन्द सम्मान,* हिन्दी अकादमी का *साहित्यकार सम्मान,* मध्य प्रदेश साहित्य परिषद का *वीरसिंह जूदेव पुरस्कार, कथाक्रम सम्मान, शाश्वती सम्मान,* उत्तर प्रदेश हिन्दी संस्थान का *महात्मा गांधी सम्मान* आदि।

सम्पर्क : 104, महागुन मार्फ़ियस, प्लॉट नं. ई-4, सेक्टर 50, नोएडा–201303 (उ.प्र.)।

झूला नट

मैत्रेयी पुष्पा

राजकमल पेपरबैक्स

पहला पुस्तकालय संस्करण
राजकमल प्रकाशन प्राइवेट लिमिटेड द्वारा
1999 में प्रकाशित

राजकमल पेपरबैक्स में
पहला संस्करण : 2001
छठा संस्करण : 2024

राजकमल पेपरबैक्स : उत्कृष्ट साहित्य के जनसुलभ संस्करण

राजकमल प्रकाशन प्रा.लि.
1-बी, नेताजी सुभाष मार्ग, दरियागंज
नई दिल्ली-110 002
द्वारा प्रकाशित

शाखाएँ : अशोक राजपथ, साइंस कॉलेज के सामने, पटना-800 006
पहली मंजिल, दरबारी बिल्डिंग, महात्मा गांधी मार्ग, प्रयागराज-211 001
1, अनमोल सोराबजी संतुक लेन, धोबी तलाव, मरीन लाइंस, मुम्बई-400 002

वेबसाइट : www.rajkamalprakashan.com
ई-मेल : info@rajkamalprakashan.com

बी.के. ऑफसेट
नवीन शाहदरा, दिल्ली-110 032
द्वारा मुद्रित

मूल्य : ₹199

JHOOLA NAT
Novel by Maitreyi Pushpa

ISBN : 978-81-267-0291-6

झूला नट

गाँव की साधारण-सी औरत है शीलो--न बहुत सुंदर और न बहुत सुघड़...लगभग अनपढ़--न उसने मनोविज्ञान पढ़ा है, न समाजशास्त्र जानती है। राजनीति और स्त्री-विमर्श की भाषा का भी उसे पता नहीं है। पति उसकी छाया से भागता है। मगर तिरस्कार, अपमान और उपेक्षा की यह मार न शीलो को कुएँ-बावड़ी की ओर धकेलती है और न आग लगाकर छुटकारा पाने की ओर। वशीकरण के सारे तीर-तरकश टूट जाने के बाद उसके पास रह जाता है जीने का निःशब्द संकल्प और श्रम की ताकत--एक अडिग धैर्य और स्त्री होने की जिजीविषा...उसे लगता है कि उसके हाथ की छठी अंगुली ही उसका भाग्य लिख रही है...और उसे ही बदलना होगा।

मैत्रेयी न वक्तव्य देती हैं, न भाषण। वह पात्रों को उठाकर उनके जीवन और परिवेश को पूरी नाटकीयता में 'देखती' हैं। संबंधों के बीहड़ों में धीरे-धीरे उतरना उन्हें बेहद पठनीय बनाता है। शीलो की कहानी भी मैत्रेयी ने **इदन्नमम, चाक, अल्मा कबूतरी** और **गोमा हँसती है** की सहज विविधता से लिखी है। न जाने कितनी स्थितियाँ, प्रसंग और घटनाएँ हैं जिनके चक्रव्यूहों में अनायास ही उनकी नायिकाओं के नख-शिख उभरते चलते हैं। मुहावरेदार, जीवंत और खुरदुरी लगने वाली भाषा की 'गंवई ऊर्जा' मैत्रेयी का ऐसा हथियार है जो उन्हें अपने समकालीनों में सबसे अलग और विशिष्ट बनाता है...वह उपन्यास की शिष्ट और प्राध्यापकीय मुख्यधारा की इकहरी परिभाषा को बदलने वाली निर्दमनीय कथाकार हैं। अपनी प्रामाणिकता में उनका हर चरित्र आत्मकथा होने का प्रभाव देता है और यही उनकी कथा-संपन्नता है।

झूला नट की शीलो हिंदी उपन्यास के कुछ न भूले जा सकने वाले चरित्रों में एक है। बेहद आत्मीय, पारिवारिक सहजता के साथ मैत्रेयी ने इस जटिल कहानी की नायिका शीलो और उसकी 'स्त्री-शक्ति' को फोकस किया है...

पता नहीं **झूला नट** शीलो की कहानी है या बालकिशन की ! हाँ, अंत तक, प्रकृति और पुरुष की यह 'लीला' एक अप्रत्याशित उदात्त अर्थ में जरूर उद्‌भासित होने लगती है।

निश्चय ही **झूला नट** हिंदी का एक विशिष्ट लघु-उपन्यास है...

31.7.99 **--राजेन्द्र यादव**

ओरछा वाले हरदौल को

"ओ बलकिसना। जाग रे।"

पच्चीस वर्षीय इकहरी देह का बालकिशन बिस्तर पर सोया हुआ है। पलकें मुँदी हुईं, मगर बंद आँखों में जगर-मगर सपना ! सपने में दिपदिपाता संसार ! महामाई की आसनी पास जलती हुई ज्योति को एकटक निहार रहा है, चोंध-मोंध कुछ नहीं। देवी मइया के सत्त की महिमा। सुनहरी उजाले में उतरता जा रहा है बेधड़क।

झींका बजाकर छंद उठाया है उसने। पुजारी सिर हिलाकर तान लेने लगा। लहर उसकी देह में भी उठी, देवी भरी चली आ रही हैं—पूरी देह महामाई का वास। नाग की तरह झूम-झूमकर खेलने लगा। तन-बदन की सूरत बिसर गई। कमर का गमछा ढीला...

"बालकिसन, जागो तो, सूरज बाँस भर चढ़ आया।"

देवी जगा रही है ? वह बेसुरत...अचानक पुतलियाँ कुनमुनाईं, भारी पलकें उठीं। अकबकाकर नींद टूटी। हड़बड़ाकर देखा इधर-उधर—

कहाँ देवी, कहाँ भवन ?

कहाँ झींका, कहाँ झाँझ ?

सोने की दुनिया तिरोहित हो गई या वही अँधेरे जगत में फेंक दिया माँ ने ?

अपने ही घर का कोठा है, कालिमा से भरा हुआ !

सिर उठाकर देखा—दोनों किवाड़ों को खोले हुए अम्मा द्वार के बीचोबीच खड़ी हैं।

अम्मा ! खाल झूलती हुई बाँह को फटकारती हुई, दुबले सूखे चेहरे पर क्रोध।

"अरे बालू, तू सो के बता रहा है हमें, कि बेटा भिरमा रहा है मतारी को ? समझ रहा है कि आँखें मूँदे पीछे दुनिया में अँधेरा हो जाएगा ! सुन

तो रहा होगा लुगाई के बोल ! और समझ भी रहे होंगे लला कि किसके दम पर ?"

नींद से जागा जरूर है वह, पर समझते देर नहीं लगी कि इशारा किस ओर है ? पर क्या कह दे वह ? सबेरे ही सबेरे रार-तकरार। यह घर है कि भड़भूँजे का जलता हुआ भाड़ ? बालकिशन अनचाहे ही तमतमा गया।

खाट के नीचे रखे लोटे में से दो घूँट पानी पिया उसने। फिर खेस तानकर सोने की मुद्रा बनाते हुए बोला, "अम्मा, ताप चढ़ा है।"

ठंडी सीरी बोली माँ के कानों में घुसी और आँखों में तीखी नजर बनकर उतर आई। गुस्सा नाक को नुकीली कर रहा है। बूढ़ी अम्मा को कनखियों से देखा बालकिशन ने। और जब होंठ बिगाड़कर एक अति भद्दी गाली अम्मा ने शीलो के नाम जड़ दी, तो वह भीतर ही भीतर कराह कर रह गया--आय डुकरो [illegible]ब मरेगी

दो पल बाद ही पछताया—औरत के कारण देवी जैसी माँ के लिए कुभाखा ! नरक में ठौर न मिलेगा उसे, पापी !

इधर वह पछता रहा है, उधर धूम-धड़ाका। पनारे के ऊपर पटिया पर थाली फेंकी है—झन्न-झन्न झननन ! लोटा—ठक्क-ठननन !

उसकी छाती में बर्तन बज रहे हैं। झनझनाहट मची है बेजा। बुखार का रोगी बालकिशन साँसों के द्वारा हवा नहीं, आँधी खींच रहा है।

"जब देखो, डुकरो काँटों के झाड़ पर चढ़ी रहती है। दे अबकी बेर गाली...?"

शीलो की आवाज है यह। महीन आवाज ने कलेजा कुरेदा उसका। ताँबिया गोल चेहरे वाली शीलो ! कल्पना में जागृत हो उठी।

"हाँ, हाँ, तेरे बाप की धौंस में रहूँ और घी-गुड़ की बात करूँ ठगिनी।"

"अम्मा !" बालकिशन जैसे खटिया में से रंभाया हो बछड़े की तरह, "चुप हो जाओ अम्मा। सबेरे ही सबेरे यह मुठभेड़..."

...लेकिन जंग के बीच न मरे के गति, न जिये की। बालकिशन बिलबिलाता रहा। देखने की प्रबल इच्छा हुई कि कौन सा पक्ष किस जगह तैनात है, सो खेस हटाया दो अंगुल। नजारा सामने आ गया एकदम से।

बूढ़े झुर्री-भरे हाथ फेंक रही हैं अम्मा, "जगाए देती हूँ खसम को। बैरी पूत नींद-सुख ले रहा है और यह बाघिन छोड़ राखी है यहाँ..."

"अरे, खूब जगा दो सेर सिंह को, देखें हमें खा जाए ? और फिर भी आतमा सीरी न हों, तो उस लुखरा पुलसिया को भी ले आ, सूली चढ़ा दे हमें..." शीलो पूरी ताकत लगाकर गड़गड़ाई। आँगन से होती हुई गड़गड़ाहट कोठे में...धरती हिल उठी।

अब सोना-लेटना कहाँ, उठकर बैठ गया वह। दोनों हाथों से कमजोर दुबली-सी छाती थाम ली कि साँस जरा थमे।

देवी मइया, मैं कहाँ था अभी तक, कहाँ आ गया ? बैकुंठ धाम की शोभा और इंद्रासन पर बैठी तुम भवानी...तेरे संसार में विचरता मैं सोच रहा था कि तुम पुकार रही हो। बुला रही हो अपने भक्त को।

...पर तूने नहीं पुकारा माँ !

अम्मा कमर पर हाथ धरकर प्रकट हो पड़ी उसी दम, उठकर बैठ गया ! "मुँह दे ले उस सीलो मतारी के आँचर में।"

अम्मा उसे ललकार रही हैं। उसे नहीं, शीलो को। वह आ झपटेगी अभी।

पता नहीं, शीलो देख ली क्या अम्मा ने, उनका स्वर नरम हो आया, "बेटा, तेरे रहते मुझ बूढ़ी की ऐसी दुरगत..."

माँ की कमजोर आवाज में छिपी चिनगारी थी कोई, खून खौल उठा उसका। अपनी सकरी छाती को ऐसे मला, ज्यों जलन न झेल पा रहा हो। दुबली बाँहें रह-रहकर फड़क रही हैं—भट्टी औरत !

मेरी बूढ़ी माँ के लिए ताल पट्टे ठोक रही है ? आज कर ही डालूँ, हिसाब भले मूर्च्छा आ जाए।

वह बाय के मरीज की तरह उछला, चेतना फन उठाकर खड़ी हो गई—शीलो को डसने के लिए।...कि यकायक शीलो की बीन बजी—रुआँसी महीन बोली, अपनेपन से लबालब। दोनों बाँहें आगे बढ़ीं और...

"सुन रहे हो ? सठिया गईं अम्मा जी। हमें तुम्हारी मतारी बना रही हैं, तुम्हारे पिता की जोरू, इनके खसम की लुगाई ! मति भिरस्ट हो गई बूढ़ी की..."

शीलो की आँखों में आँसू ! रो रही है ! स्त्री के विलाप की बीन... बालकिशन के भीतर फुँफकार मारने वाला नाग फन हिला-हिलाकर नाचने लगा। क्या कहना, क्या सुनना ? लहरें भर आईं तन-बदन में।

अम्मा अपनी एड़ी की दो धमक देहरी पर ठोककर गई हैं, ज्यों शीलो की कमर पर दो लात मारी हों उन्होंने। बालकिशन कतई बेध्यान है अम्मा से।

ध्यान भी आया, तो इतना कि अम्मा भी कम नहीं। वह शीलो का चेहरा देख नहीं रहा, नजरों से धो रहा है उसे, पोंछ रहा है आँसुओं को। खुद पिघल रहा है।

तरोताजा हो गया एकदम से। अपनी औरत के मान की रक्षा न कर पाए, उस मर्द को 'नामर्द' मानता है वह। पुरुष होकर नपुंसकों के से खेल...

शाम तक अम्मा से बचता रहा। कोठे में भरे अँधियारे में लिपटा पड़ा रहा। कलजुगी बेटा। पापी पुत्र। धिक्कारता रहा खुद को और माफी माँगता रहा मन ही मन–पाँवों में ताकत आते ही तेरी मढ़िया ढारूँगा। कल्पना भी कुछ ऐसी है–लोटा में दूध-पानी मिलाकर भरा है। हथेली पर साधकर चला जा रहा है, ज्यों अपना रक्त चढ़ाने जा रहा हो।

अनंत बल मिला फिर। हौसला बढ़ा और जिस माँ से कन्नी काट रहा था, उसके झुर्री भरे, जहरीली परतों में लिपटे चेहरे को कनखियों से छुआया। ढीले होठों से बुदबुदाहट झर रही है, कानों को सचेत किया। लेकिन समझ में नहीं आया कुछ।

शीलो का स्वस्थ शरीर, जवान खून, इंद्रियाँ तेज हैं। अम्मा को कौन समझाए कि वह बिना सुने ही पढ़ लेगी तुम्हारे होठों को, और फिर मुकाबला करने को हो जाएगी तैयार, अपनी हठ छोड़ो माँ। माना कि बुढ़ापा जिद्दी हो जाता है, शीलो को चित्त करने की ठाने बैठी हो। पछाड़ दी जाओगी तुम ही...कलह की असल जड़ अम्मा...होश में आओ।

'खों खों खुडडल्ल खुडडल्ल खूँऊऽऽ...खाँसी !'

अम्मा का चेहरा घुटने छूने लगा। हाथ तलवार की तरह भाँजने लगी। पेट पर साँसों का हमला। मुँह पिचक-फूल रहा है। अरे...अम्मा ! वह उठकर माँ को अपनी बाँहों में थाम लेना चाहता है।

इधर मन बनाया, उधर कटारी चली–शीलो की जुबान-दानेदार दुधारी–

"हाँ, हाँ, खूब दिखाओ चैहत्तर। बुढ़ापे में ज्वानी के साके..."

"तेरा नाश हो शीलो। अम्मा की बुढ़गति पर ऐसे बज्जुरबान।"

दौरा पड़ गया माँ को। आँगन में लहलोट हो गई। सिकुड़ी खाल और कमजोर हड्डियाँ। भला बालकिशन अपनी हारी बीमारी का ख्याल करेगा ? बूढ़ी माता की ओर लपका। डगमग कदमों के चलते बाँहें फैलाईं; बिलकुल ऐसे ही, जैसे माँ बचपन में...

राह में शीलो ! रणचंडी का अवतार। देखते ही पत्थर हो गया वह।

देवी का श्राप। घर में क़लह लीला।

बालकिशन गृह-शांति के लिए निर्जल व्रत करेगा। शीलो की मति बदलेगी। अम्मा का मिजाज पलटेगा। झाँकी निकलवाऊँगा ऐसी चमकदार कि धरती-आसमान झलमला जाएँ। तेरी मेहर कि आठ-नौ हजार चंदा जमा है। चढ़ोतरी अलग होगी। गाँव के लोग इंतजार में हैं माता, धूमधाम से होगा भंडारा। गोरस और भात, तीन गाँव की कन्याएँ जेंवेंगी तेरी पूजा में फूल-अक्षत...

...पर यह बीमारी। रक्षा की भिक्षा दो महामाई। निरोग काया से सेवा कर सके यह दास। मैं तुम्हारा बालक...तुझे रोम-रोम से चाहने वाला अरदासी।

चार हजार में देवी की मूरत तय करके आया था बालकिशन। दो हजार का बैंड, एक हजार के धूप बैसांदुर, अबीर गुलाल। एक ही हजार के फल-फूल-परसाद। भगतों की कमी नहीं है अपने गाँव में, या तेरा सत्त, रघु के पिताजी का फौलादी कलेजा पिघल आया, बोले, "बालकिसन, चार-छः दिन न सही खेत का काम, ट्रैक्टर देवी मइया को अरपण, सामान लादो, लाओ, चाहे भगतों की जमात बैठाकर घुमाओ। डीजल जलाकार पुन्य लूटेंगे। धरम खाते में ही बढ़ोतरी सही। परलोक सुधरेगा।"

...पर आज तू रूठ गई मइया ! हाथ हटा लिया सिर से ? कि मुँह फेर लिया ?

मैं साँग छिदवाऊँगा। शीलो दस शीश बीस भुजा की हो जाए, तब भी न मानूँगा, कहती है कि सिर्री हो गए हो ! गाल में बल्लम का फल छेदकर लहूलुहान होना चाहते हो ? कितनी नादान औरत है ! क्या जाने माता का

परताप ? महामाई अपने भगत का सत्त भी चीन्हती-जानती है, नहीं तो लोहे का चमकता अनीदार फल गाल के भीतर की नरम खाल-मांस को पार करता हुआ बाहर निकल आए और एक बूँद खून न गिरे ! तेरी महिमा माता ! चमत्कार !

शीलो अभागिन को माफ करना, शीतला माई। बिना सोचे-समझे क्या-क्या तो कह गई, अज्ञानिन की बात मन में मत धरना। कहती है कि झाँकी और भंडारे की खातिर भाग-दौड़ करके तुमने बुखार मोल ले लिया है। एक तो वैसे ही बड़े पहलवान थे, ज्वर ने कर दिए करकेंटा। अब चुपचाप पड़े रहो कोठे में खटिया पर।

सिर्रिन ! देह में माता का सत्त है। बीमारी-तिजारी छूमंतर। मइया ने चाहा, तो मंदिर के दुआरे जमकर खेलूँगा। इतना कि झाँझ-मजीरा और ढोल बजाने वाले हार जाएँ। फूल-मखानों की वर्षा में साँप जैसी लहरें। गर्दन और कमर में कँटीले बल।

...ऐसा न हो कि मन की मन में ही रह जाए, आशंका हुई बालकिशन को। अपना कोप वापस लो महारानी...बेचैनी के मारे लगातार तीन करवट बदल डाले। उसी दम एक और बात सूझी–

अष्टमी के दिन पेंड़ भरूँगा।

शीलो ने रोका मंशा जताते ही–दइया, पेट के बल लेट-लेटकर घर से मढ़िया तक जाओगे ! हाय सिर्री !

भाड़ में गई शीलो। साली हर काम में टाँग अड़ाती है। मेरे तप में भी दखल देगी अब ? धोक देने से रोकेगी, तो फल पाएगी। रौरव नरक में गिरेगी। अरे, जिस मइया के द्वारे एक तरफ अंधे को आँख, बाँझों को पुत्र, रोगी को निरोग काया मिलती है, तो दूसरी तरफ मइया पापियों का सिर कलम करके मुंडमाल पहन लेती है। इतनी दयालु, त्यागमयी कि अपना सब कुछ लुटा दे भक्त पर, और जो रुष्ट हो, तो संहार...जै ऊँचे छत्तुर वाली। जैकारा सुमिरते ही लगा कि कोठे में चार सूरजों का उजाला भर गया है। आँखें दिपदिपा उठीं, वह रोशनी के मेह में खड़ा नहा रहा है।

'जय अंबे जगदंबे, जय गौरी माँ।'

रात भर छंद गाए गए देवी के भवन में। बालकिशन तन से नहीं, मन से विराजा है माता के चरणों में। एक-एक छंद रटा हुआ। सोते-जागते

गुनगुनाता रहा।

कराहती-सी दुर्बल आवाज !

धीमी और घिसटती हुई पदचाप ! कौन ? अम्मा !

"बालू, ओ मोरे बेटा...अये दो घूँट दूध। मेरी तो साँस में साँस रहेगी, तब तक पोसूँगी अपने लाल को। लुगाई रंडी तो सौख-मौज की सगी-साथिन है।"

माँ आ गई। मैले आँचल में काँसे का कटोरा छिपाए हुए। रोम-रोम से झरती हुई ममता। आँखों में मोह की नजर। बालकिशन का गला भर आया। बीमारी और प्यार ने कमजोर कर दिया उसे। आँखें पनिया आईं।

पेशाब की हाजत के चलते पनारे पर जाने की सोच रहा था, मगर नहीं जाना अब। मशा तक नहीं जतानी। माँ सोचेगी, 'बेटा उस औरत के डर से बहाना गढ़ रहा है।' आँखें मूँदकर लेटा रहा। शीलो की गड़गड़ाहट से दहला हुआ...

अम्मा पुकार रही हैं, वह उठकर बैठ गया।

आँचल के नीचे से दलिया दूध-भरा कटोरा निकला। माँ का प्रसाद। प्रसाद का तिरस्कार करने वाले से ज्यादा अभागा कौन है ?

पेशाब की हाजत। भीतरी अंगों को सिकोड़ता हुआ, दाँती भींचे बैठा रहा।

कटोरा अपने हाथों में लिया कि अम्मा की बूढ़ी मैली-सी पुतलियाँ तारों की तरह चमक उठीं।

बेटे को दूध-दलिया खाते देखकर माँ का पेट भरता जा रहा हो ज्यों। दुबले लकीरों भरे चेहरे पर अजीब-सी तुष्ट भावना। अम्मा के मन को उसके सिवा कौन पढ़ सकता है ? माँ का पाँव फुर्ती से उठा। वह द्वार के बाहर निकल गई, जैसे भक्त को मुँहमाँगा वरदान देकर जा रही हो।

फिर पुरानी हाजत। जाना चाहता है बालकिशन।

उठा ही था कि...महकउआ तेल की गंध ने घेर लिया। नहाई-धोई लाल चोले में सजी-वजी निखरी-निखरी शीलो ! हाथ में काँसे का चमचमाता बेला !

"कहाँ चल दिए ? कमजोर देह का ख्याल नहीं ? चलो बैठो," बेला एक ओर धर दिया धरती पर। गुदगुदी हथेली लगा दी गर्दन के नीचे। मजबूत

और चिकनी बाँह का सहारा देकर बिठा लिया खटिया पर। छाती से सटाकर बोली, "माताराम गोदी में धरकर बैठना चाहती है, यह नहीं ख्याल किया कि पूत भूखा-प्यासा...चबाब-चुगली से फुर्सत मिले, तब न !"

अम्मा द्वारा बोले गए संवाद सुन लिए ? बालकिशन स्वांग की भाषा में सोचता है। जरूर कटार चलाएगी, भले मीठी ही हो।

"क्या कह रही थी मतारी ? कि आजाद घोड़ी-सी फिरती है शीलो..."

सर्वांग सिकुड़ गया वह। शीलो की जुबानी अम्मा के बोल—छाती पर बजते हथौड़े—ठाँय-ठाँय-ठाँय। कहाँ की हाजत और कहाँ की फारगती ? जरूरत बताएगा भी, तो शीलो कलेजा चबा जाएगी। नजरों से रहम की भिक्षा माँगने लगा। अजनबी-सी नजरों से पूछने लगा—सच, यह वही शीलो है, जो मेरे कंधे पर गाल धरकर रोती थी !

"चमची से कहाँ तक खाओगे। चलो, पी लो जल्दी-जल्दी," कहकर बेला उसके मुँह से लगा दिया।

अब क्या हो ? कड़ा जी करके, पीने नहीं, सूँतने लगा दलिया-दूध। बेला एकदम खाली। बालकिशन ने गर्दन घुमाकर शीलो की ओर देखा, जैसे शाबाशी लेना चाहता हो। और सचमुच पीछे से सहारा दिए बैठी शीलो ने होंठ बढ़ाकर उसका पिचका हुआ गाल चूम लिया। फिर बीमार और भोले चेहरे पर चुम्मा ही चुम्मा।

बालकिशन बिस्तर में नहीं, शीलो की गोद में सो रहा है। नींद में डूब जाना चाहता है। शीलो का प्यार...बेहोशी ! नशा ! गफलत !

औरत की आँखों में उल्लू की पुतलियाँ होती हैं, तभी न शीलो ने खटिया तले के नीम-अँधेरे में रखा अम्मा वाला खाली कटोरा देख लिया। तेजी से पाँव चलाकर निकाल लिया बाहर। बालकिशन की मुँदी आँखों ने सुना कटोरे का शोर, बंद पलकों में से भाँप लिया कि चुम्मा लेती हुई रेशमी निगाह एकदम ठोस हो गई और सरिया की तरह पैनी।

"अच्छा, तो माता जी मेहर कर गईं।"

झकझोर डाला बालकिशन, "भगत जी, अब अफारा लगा तो ? बता ही देते कि जसोदा मइया का बालभोग पहले ही पा लिया है।"

वह गुमसुम।

अवाक् और डरा हुआ। उदास और रोया-सा...

शीलो कब मोम हो जाए, कहा नहीं जा सकता। पिघल आई दो क्षण बाद ही—

"अब रुआँसे से क्या बैठे हो ? मन मत गिराओ। आधी बीमारी तो मन की होती है।"

गर्दन इतनी जल्दी फंदे से बाहर निकल आएगी, उसने सोचा नहीं था। राहत नहीं, चाहत-सी बढ़ आई शीलो के लिए। उसने अपनी दुबली बाँह उठाई। शीलो मन पढ़ लेती है बालकिशन का, बाँह अपनी गर्दन में डाल ली—प्यार की घड़ी ! उस क्षण का यही नाम दे रहा था मन ही मन...

कि अम्मा ने अचानक छलाँग लगा दी कोठे में।

"हम अपने पूत को दस बेर खबाएँ कि लाँघिन (भूखे) राखें, तू कौन ?"

शीलो ने ऐसे देखा, जैसे वह इस घर की ही नहीं, धरती आसमान तक की राजरानी हो और बालकिशन को कस लिया जोर से। अम्मा का अदला चोट खाए नाग-सा फुँफकार उठा, "भूल गई, कल तक तेरे घूँघट पर सेर भर मक्खी भिनकती थीं ?"

ह...ह...ह...ह...शीलो नागिन की तरह जहरीली हँसी छोड़ने लगी।

"बूढ़ियों के घर हुए, तो मरघट किसकी बाट हेरेगा ?"

भक्ति, शक्ति, प्यार-प्रीति ! झाँझ-मजीरे और देवी के छंद उलट-पलट होने लगे, ज्यों तूफान आ गया हो। दूर से आती लय-ताल चटक रही है।

शीलो कब उठ गई। वह कब लेटा और आँखों तक खेस खींचकर पड़ा रहा...यादों की धुंध में समाया है। एक के बाद दूसरी पटखनी, सँभलते-सँभलते ढह जाता है।

"गई बेटा।"

अम्मा का कराह भरा कमजोर स्वर चिंघाड़ की तरह चीरता चला गया कानों के पर्दे। वह यह भी जानता है कि क्या कहना चाहती है मतारी ? जो बताना चाहती है, खूब समझता है। हाकिम ऐलकार।...और उनसे बतियाती शीलो।

शीलो की चूड़ियाँ नहीं छनकीं। पाजेबों की झनक भी नहीं। मतलब ?

घर में छाई वीरानी का मतलब है शीलो गई ! बालकिशन का दिल भारी हो आया।

"तू सो रहा है बालू ?"

माँ का सवाल नहीं है यह, ललकार है। बालकिशन भला माँ का मन न पहचाने ? माँ यह भी समझ रही है कि सो नहीं रहा उसका बेटा, उस जादूगरनी के बिछोह में रो रहा है...लेकिन जवाब चाहती है। जवाब भी ऐसा, जो शीलो को मनुष्य जाति से काटकर ढोर-पशुओं में शामिल कर दे। उन्हीं की प्रजाति बढ़ाने का श्राप दे। अम्मा सहयोग चाहती है बालकिशन का। हरजाई बदचलन के फतवे वह बेधड़क दे सकता है। यह सनातन सत्य कौन नहीं जानता कि पति द्वारा ही चाल-चलन की सच्ची सनद मिलती है।

बालकिशन भीतर मचलते राग के वशीभूत हो गया न जाने क्यों ? कि शीलो की उपयोगिता आड़े आ गई या कि कोई दबी-ढकी पिछली सहानुभूति ? क्या-क्या कह बैठा !

"अम्मा, चिरगाँव गई होगी। वह न जाती, तो कौन जाता ? क्वार का महीना–बुवाई का समय। खाद-बीज के जतन न करेगी, तो खाएँगे क्या ? माना कि तुम भी चिंता कम नहीं करती, पर साधन जुटाने से ज्यादा बड़ी होती है चिंता ?"

अम्मा की नजर चीख पड़ना चाहती है, क्योंकि शीलो उनकी छाती में कील ठोककर गई है...परंतु कराहकर रह गईं अम्मा।

"बोदे की लुगाई हाथ-बेहाथ...," अम्मा ने यह बात जैसे उसे नहीं, धरती-आसमान को सुनाकर कही, खास बुजुर्गों वाले अंदाज में।

शीलो की अनुपस्थिति में खास तरह का खूँखारपन आ जाता है उसमें, उसी के चलते अम्मा का लिहाज...झटके के साथ गर्दन उठाई–

"जानती तो हो किसानी का कितना काम फैलता है।"

मुँह फाड़कर भोली बाबरी-सी देखती रह गई मतारी।

होश आया, तो बड़ा शर्मिंदा हुआ बालकिशन–साली इस औरत का मोह...इस कदर सवार हो जाता है कि आपा तक भूल जाता हूँ। अभी कुछ बात थी कि अम्मा के ऊपर जुबानी हमला...सच्ची अम्मा, मैं तुमसे जुदा नहीं।

पता नहीं, क्यों अम्मा का चेहरा आँखों के सामने नाचने लगा और फिर स्थायी रूप से आँखों में जड़ा रहा देर तक। विनती में रोता रहा बालकिशन–मैं

तुम्हारा ताबेदार हूँ माँ। तुम्हारे हुकुम का गुलाम...याद करो पहली बातें, तुम नहीं कहती, तो शीलो को...सब तुम्हारी जोड़ी बाँधी गाँठें...तुमसे बढ़कर कोई नहीं। तुम्हारी बात अंतिम बात।

जो कुछ याद है, वह इतना ही कि तुमने पढ़ाया तो स्कूल गया। रोक दिया, तो बरता एक कोने में धर दिया। बमरौली वाले मास्साब कह-कहकर थक गए। मैं तुम्हारी आज्ञा तले खड़ा रहा। माँ से बड़ा गुरु भी नहीं, या माँ ही गुरु है। पढ़ाई के जमाने में भी तुम्हारी मंशा के चलते सुमेर भइया से ढोर चौंपे की तरह मार खाता रहा। यह दीगर बात है कि पिटाई, सिंकाई और घिसाई होने के बाद भी मैं तुम्हारी और सुमेर भइया की आशा पूरी नहीं कर पाया। गाँव वालों को रौब-रुतबे के बूटों तले रौंदने के लिए थानेदार नहीं बना, न घर का मान ही बढ़ा पाया।

मैं जान गया था कि मेरी इकहरी हड्डी वाली देह और साधारण बुद्धि न थानेदारी के योग्य है, न अफसर बनने लायक। भइया भी यह बात खूब जानते होंगे। अम्मा, भइया पढ़ाई की बाबत जो सवाल पूछा करते थे, वे पीटने का कारण थे। पढ़ाई से कोई संबंध नहीं था उनका। किसी वाइसराय के होंठ दिखाकर उसका नाम पूछना...हिंदी-कवियों के नाम बताकर उनका जाति-गोत्र पूछते हुए इम्तहान लेना, कबीरदास के साले का नाम बता पाएगा कोई ? कि कुतुबुद्दीन ऐबक के घोड़े की पूँछ किस रंग की थी, यह बता पाएगा ? मेरे बचपन के दोस्त रघु ने तो एक दिन कह दिया था—तेरे भइया जिस तरह तुझे पीटते हैं, वह जिंदगी सँभालने वाली बात तो नहीं लगती। हमारे पिताजी तो कह रहे थे—कहीं ऐसा तो नहीं कि सुमेर दीवान हो गया है, सो पीटने का अभ्यास करता हो। बेचारा बालकिशन...

'पाजी है रघु' तुम समझाती थीं। मैं भी उसकी बात पर गौर न करता था। तुम कहती थीं—भइया की मार-पीट का क्या बुरा मानना रे बालू ? गाँव का बालक बहादुर होता है, तू भी बहादुर है। मार-पीट का ध्यान किया, तो चल गई जिंदगी। अम्मा, मैं लात-घूँसे और संटियों की मार खाकर भी बहादुर की तरह नहीं खड़ा रहता था ? अंत में तुम ही न झेल पातीं, जैसे चोट तुम्हारे कंधे लहूलुहान कर रही हो। तुम रोने लगतीं, मेरे कारण रोने लगतीं...तुम पर बहुत प्यार आता मुझे, और साथ में मैं भी रोने लगता।

तुम चुप करातीं, "रोना नहीं बालू। तेरे पिता के ठौर है तेरा भइया।

बेटा, इस घर का मर्द वही है। पुलिस में है, सो घर की इज्जत...'' कहते-कहते तुम्हारी आँखों में से आँसू की जगह यह बात झरने लगती कि वे जो सजा देंगे, हमें झेलनी होगी, नहीं परसाद मानकर ग्रहण करनी होगी, वे घर के संरक्षक शुभचिंतक।

इसके अलावा भइया की शान में एक और जुमला कहतीं, ''रघू और रघुआ का बाप सुमेर के पीठ पीछे बमकते हैं; आने दो आमने-सामने पर, ऐसे बात करेंगे, जैसे सुमेर उनका हाकिम हो। इलम-आसन पाए आदमी का कौन गुलाम नहीं हो जाता ? पूरा गाँव इज्जत करता है।''

इतना सब सुनकर भी रघु के पिता जी की कही बात मेरे मन में भौंरे की तरह घुनघुनाती रही—सुमेर जो कुछ करता है, करता दिखता है, उसके पीछे का मकसद कुछ दूसरा और गहरा होता है।

''धूल डाल रघुआ के बाप की बुद्धि पर।'' तुम कहती, तो मैं समझ जाता और बार-बार याद करता कि भइया अम्मा के बड़े बेटा कम, इज्जत ज्यादा हैं। उनकी नामवरी घर की पताका।

लहराती-फहराती यह पताका इलाके में सबने देखी। और उसी पताका के चलते आया था भइया के लिए ब्याह का रिश्ता—खाते-पीते गँवई लोगों के हिसाब से संपन्न परिवार से। एक नहीं, अनेक रिश्ते।

...लेकिन तुम्हारी भलमनसाहत और भइया की मातृभक्ति, ब्याह उसी पुरानी जगह से हुआ, जहाँ पिताजी तय कर गए थे। इस तरह के वादे पर कायम रहना अच्छे परिवार की पुख्ता निशानी है। सुमेर भइया को सबने राम भगवान के ठौर समझा था—सुपुत्र सुपात्र।

उन दिनों की बातें ! उम्र थी सोलह साल।

फागुन बदी दौज का ब्याह। वसंती रंग फैला था खेतों में। मैं और रघु सरसों के खेत में घुस जाते, नरम-नरम बातें करते, अपने-अपने गालों को फूलों से सहलाते रहते। भाभी की बात, भइया की बात, दोनों की बातें। रघु भाभी भइया के मामले में अनुभवी लड़का था—ऐसी-ऐसी बातें बताता, जैसे भइया को भाभी के पास से उठाकर खुद ही लेटा हो वहाँ। छिः, ये बातें अम्मा को पता चलीं, तो सुमेर भइया से चमड़ी उधड़वा देंगी। मैं खेत से

निकलकर भाग आता, लेकिन मन में छिपी बँधी गुदगुदी लगी रहती।

सफेदी रोगन से द्वार और किवाड़ें झिलमिलाने लगे। इधर घर में दर्जी नए-नए कपड़े लाने लगा। बालकिशन के जीवन में यह पहला मौका था, जब घर का कोना-कोना चमक उठा हो। अम्मा क्या दिखा रही हैं—नई कमीजें पैंटें, कोट ! मन में सितारे भी बिखरते हैं, यह बात उसने उसी दिन जानी थी।

बरात में जाने से पहले ही पहन लिए थे नए कपड़े। रघु को खोजता फिरा था नई पोशाक पहने हुए...ढूँढ़ते-ढूँढ़ते आधा दिन गुजर गया। मन में आया कि उतार दे, गंदे हो जाएँगे। उसी समय रघु साइकिल पर आता दिखाई दिया। बालकिशन ने छलाँग लगाई हो जैसे, कूदकर जा पहुँचा दोस्त के पास।

साइकिल से उतर पड़ा था रघु। दो क्षण ऊपर से नीचे तक मुआयना करता रहा। बात को फीका करना जानता है, बोला, "यार ग्यारहवीं में पढ़ने वाला ऐसी सौक-मौज करे, अँगरेज बनकर रहे। याद है, शास्त्री जी ने क्या कहा था ? विद्यार्थी को सदा मोटा खाना और मोटा पहनना चाहिए, तभी वह बारीकी से पढ़ सकता है।"

उस समय बालकिशन का मुँह छोटा हो गया। उसकी इतनी बड़ी खुशी को पानी के बबूले की तरह फिस्स कर दिया ! हुँह रघु ! अम्मा ने तो पहले ही कहा था कि अच्छा खाया-पिया, अच्छा पहना-ओढ़ा दिली से दिली दोस्त को नहीं सुहाता। हाँ, नहीं सुहाया रघु को। महाजन का बेटा होकर भी आज तक कोट नहीं पहन पाया।

अम्मा की कही हुई बातें गुनने की आदत शुरू से है बालकिशन को। कहती थी न कि भइया की मार-पीट चित्त न धरना, देख ले कैसा कीमती कपड़ा है ! लाड़ न करता, तो ले आता ? सब कुछ भूलकर कपड़ों की चमक-दमक और रौबदार बूटों के चमकते काले रंग ने रिझा लिया बालकिशन। भइया का लाड़, एक नशा। घर में उत्सव-जलसा, एक खुमार।

तितली की तरह नाचता फिरा था वह।

जब बहुत अधिक खुशी हो, तो मित्रों का ईर्ष्या-डाह भुला जाता है। वह रघु को हाथ पकड़कर लिवा लाया था। अपनी दो कमीजों में से एक जबर्दस्ती पहना दी थी। अनजाने ही सही, कहीं यह बात दिमाग में थी कि रघु के बिना उसका आनंद आधा रह जाएगा।

रघु की बातें। है तो छोटे कद और छोटे बदन का, पर दिमाग का तेज है। खूब हँसाने वाली बातें करता है। भाभी के बारे में तमाम बातें...वह यह कहे, तो तू यह कहना। वह यह करे, तो तू यह करना। बड़ा मजा आएगा रे। सचमुच ! उस शान और रँगीली बातों में बड़ा मजा था।

लाल रेशमी लहँगा और चिलकना-पलकना लगी सुनहरी किनारीदार पीली ओढ़नी ! भइया से पहले मोह लिया हमें। मुँह देखने की कोशिश की। झीनी होने के बावजूद ओढ़नी ने भाभी को इस कदर छिपा लिया कि ताक-झाँक भी व्यर्थ। कहीं ओढ़नी, कहीं लहँगा, ऊपर से नीचे तक ढकी-तुपी दुल्हन के पाँव ही दिखाई दिए—मेहँदी-महावर से रचे साँवले मुलायम पाँव जो पंजों पर बिछिया से कसे थे और एड़ी के ऊपर चाँदी की पायजेबें, लच्छा और कड़े जैसी मजबूत चीजों में बँधे थे। वह छम-छम करती आँगन में उतर रही थी। बालू के कानों में गाय के गले में बँधी घंटरियाँ झुनझुनाईं, वैसी ही लय, उसी तरह की ताल।

तनिक आँचल ढलका, तो सुनहरे जेवर झिलमिलाए। वह चौंधिया गया। हाथ उठे तो चौंध, कंधे हिलें तो चौंध...भाभी कहाँ हैं इस दमकते संसार में ? रघु दुल्हन से एकदम सट गया। वह ओढ़नी छूने को हाथ बढ़ाता। लेकिन उसी तीव्रता से पीछे खींच लेता। कनखियों से यह भी देखता, इसके भीतर जो औरत है, क्या वह जीती-जागती है ? न होती तो हाथ-पाँव क्यों हिलाती ? तब तो हमारे इरादे भी भाँप रही होगी।

यह लुका-छिपी थी। हम खेल रहे थे। वह लुभा रही थी।

"भाभी, बालकिशन तस्वीर अच्छी बनाता है।" रघु ने भाभी के घूँघट को सुनाया था यह वाकया, मगर उसके कान गरम हो उठे थे।

"साले, ऐसे शरमा रहा है, जैसे तेरी ही बहू हो ?" रघु ने बाँह पर नोंचकर कहा।

चलने को हुआ बालकिशन, क्योंकि औरत से आमना-सामना...वह भी नई, अपरिचित, उसका दिल घबराने लगा था।

"अरे, कहाँ जा रहा है मोंड़ा ?" बेरछवाली मौसी की आवाज।

उसने पलटकर देखा—आँगन में ठसाठस भरी हैं औरतें, बेरछवाली मौसी कहाँ हैं ?

होंगी कहीं, कोई काम ही बताएँगी कि नीम का गोंद ले आ, पीपरा का

पत्ता ला, पुल्टिस का सामान ला। मौसी की जाँघ में गाँगिन है, इलाज चलता रहता है। वे हर ब्याह में गाँव से गाँव तक इसीलिए जाती हैं कि कोई काँटे का बैद टकर जाए।

"अरी, देव-पूजा कर लो। देवर की गोद-बैठाई होगी तुरत ही।"

"ओ बालू ! जाना मत रे।"

देवर ? देवर माने बालकिशन। पहली बार ही ऐसा लगा, जैसे लोग उसे पिछियाते हुए पकड़ने के लिए आ रहे हैं, गोद में नहीं तोते की तरह पिंजरे में बैठाने। नहीं। नहीं रहना यहाँ। यह भी कोई बात हुई ? नई बहू ! नई बहू की गोद। रघु क्या कहेगा ? कितनी-कितनी तो मसखरी कर रहा था—रुला देगा रघु।

वह छिप गया। जिस कुठले में गर्मी में अनाज भर देते हैं, और जो उसकी लंबाई से भी ऊँचा था, उसी की आड़ ले ली।

सुन रहा है—उसकी ढूँढ़ पड़ी है। सुन रहा है—उसके नाम की टेर लगी है। भाभी की गोद...दहशत-सी लग रही है। दहशत भाभी से या रघु से ?

अब तक एक दबी-दबी सी इच्छा अकुला रही थी, जिसे बालकिशन बुरी बात कहकर जोर से दबाए था। पता नहीं क्यों, भाभी के घुटनों पर रेशमी लहँगे की तहें-घूमें बिलकुल लहरों की तरह। मन किया कि उन लहरों को छूकर देखे। और उन जाँघों पर बैठना...एकदम तिड़ी-बिड़ी सा होने लगा। औरतें भी पागल हैं, सुमेर भइया से पूछ लिया है ? भाभी की रजामंदी है ?

"चल रे, दूधा-बाती को देर हो रही है। न हो, तो रघु को बिठा दो। नेग ही तो करना है।"

रघु ! वह तिलमिला गया। और तेज कदम बढ़ाता हुआ औरतों के बीच खड़ा हो गया।

अम्मा को शायद उसके मन की बात पता नहीं। अपनी सदा की आदत के हिसाब से चिल्लाई—बुलाऊँ सुमेर को ?

कहना चाहता था—भाभी के सामने पिटवाकर क्या सिद्ध करना चाहती हो अम्मा ?

अभी तक उसका दिल खुशी और चुहल से, भाभी के नजदीक आने की उत्कंठा से भरा था, मना करना नकली था, लेकिन अम्मा की धमकी सुनकर उसे काठ मार गया।

मौसी ने हाथ पकड़कर कब बहू की गोद में बिठा दिया, कब वह उठ गया—पता ही नहीं।

यकायक आश्चर्य से देखा बालकिशन ने—बहू का घूँघट हिल रहा है, घूँघट नहीं, सिर।

"अरे, इतने से नहीं मानेगी। नेग भी नहीं देगी। अच्छी तरह बैठ गोदी में। आज का दिन तो तेरा है सिर्री। मौका नहीं समझ रहा। बैठ जा दारी की जाँघों पर, भइया से पहले..."

औरतों के घेरे में जोरदार ठहाका गूँजा। बालकिशन ने झेंप के मारे गर्दन डाल ली।

विमली जिज्जी से चिढ़ता है वह, और वे छेड़ने से बाज नहीं आतीं। अवसर था ही, बालकिशन के शील की धज्जियाँ उड़ा दी। अंडरबियर समेत पैंट खींच दी। वस्त्र आवरण घुटनों पर आ गए। वह भाग जाना चाहता था, पर बेरछवाली मौसी ने कपड़े पहनवा दिए ओट देकर, विमली को लुच्ची छिनार की गालियाँ दीं।

कैसी मुश्किल थी, एक मन कहता कि इतनी बेइज्जती...भाग बालकिशन, लेकिन पाँव थे कि वहीं गड़ गए हों जैसे। इस इच्छा और लाचारी से लड़ता हुआ...

अम्मा आ गईं सूप लेकर, सींकों के सूप में तमाम ओटका-टोटकाओं के चलते चावल, कलावा, सुपारी, पान, मिट्टी के गनेश, लोटे में पानी, जौ, दूब, हल्दी अटरम-शटरम।

अम्मा की आँखों के आगे एक बार फिर बैठना पड़ा बहू की गोद में, अबकी बार पूरे होशोहवास में था। औरतें गीत गाने के बजाय तालियाँ पीटने लगीं। बिमली जिज्जी ने टूटा सूप पीटा उसके सिर पर—फट्ट-फट्ट ! उसकी समझ में यह बात नहीं आई कि तालियाँ बजाई गईं, तो क्या भाभी की गोद में बैठना उनसे बच्चे जैसा रिश्ता जोड़ना था ? माँ मानना था ? फटा सूप फटकारा, इसे क्या समझे ? इसका अर्थ तो होता है—लानत। स्त्री की गोद में बैठना, लानत का काम किया ? कोई नहीं सुलझा पाया इस पहेली को—अम्मा न विमली जिज्जी, रघु के पिताजी, न सुमेर भइया।

हाँ, जैसे ही वह झटके से उठा था, बहू ने पीछे से कमीज पकड़ ली थी। घूँघट में से बोली—नेग नहीं लोगे ? बारीक महीन पीपनी-सी आवाज, जिसके

छेदों पर उँगलियों का परस बदलकर बालकिशन अनेक सुर निकाल लेता है।

भाभी रेशमी बटुए का सिकुड़ा हुआ मुँह खोल रही थीं—डोरी खींचकर। फिर उसमें से खड़खड़ाते हुए नोट निकाले। अचानक सकते में आ गया बालकिशन। क्या देखा उसने ? गौर से देखता रहा, फिर चिल्लाया। "अम्मा, देखो छः उँगली। छः छः छः ! देखो वो अँगूठे से जुड़ी छठी उँगली !"

बहू के हाथों को लकवा मार गया हो ज्यों। बटुआ छूट पड़ा।

हाँ, उँगलियों के बीच की दरारों में फँसे हुए नोट। खुद ही थरथरा रहे थे, क्योंकि उँगलियों में हरकत नहीं थी।

आँगन में बैठी औरतों ने ढोलक-मजीरा-घुंघरू एक ओर फेंके। बीसियों जोड़ी आँखें भाभी के सीधे हाथ से जा चिपकीं। उनकी हमउम्र लड़कियों ने धावा बोल दिया। वे टटोल-टटोलकर उँगली को परख रही थीं। बहू थी कि उस खोट को बदनुमा दाग समझकर किसी तरह छिपा लेना चाहती थी, मगर वह लटकती हुई चुगलखोर उँगली...आखिरकार लड़कियाँ जीत गईं। जिस बहू को अपने नाच-गाने दिखा-सुनाकर रिझाने आई थीं, खुश करके इस गाँव में मिलाने आई थीं, वे ही अब उसका तमाशा देख रही थीं, हँस रही थीं, चिल्ला रही थीं। पब्लिक के माल की तरह उँगली को खींच-तान रही थीं।

यकायक घूँघट उलट दिया बहू ने। मुँह तमतमाया हुआ था। साँवले गोल चेहरे पर जुड़ी हुई पसीने की बूँदें। पतले होंठ कठोर से और मोटी नाक फूली हुई। आसपास जितने मुँह, उतनी ही बातें। उसी के हिसाब से बहू के चेहरे पर आते-जाते रंग, बनते-बिगड़ते कोण...लेकिन दोष पर दोष—दाएँ हाथ में छठी उँगली—आटा माड़ लेती है री ? गोबर पाथ लेगी ? कटाई करते बखत...?

भाभी अपराधिनी-सी...दिलेरी से सामना करती हुई।

बालकिशन हक्का-बक्का था शुरू में, अब खंड-खंड कटता हुआ...

नाच भी हुआ। गाना भी हुआ। बहू ने लंबा घूँघट खींच लिया उत्सव की ओर से। बालकिशन के चलते सारी खुशी एक पल में बिखर गई।

"तू सदा का मूरख। ऐसे बमका, ज्यों पाँव के नीचे साँप आ गया हो।" अम्मा बालकिशन का हाथ दबाकर फुसफुसाईं।

अम्मा अक्ल वाली औरत हैं, बालकिशन समझ गया। बात साधना जानती हैं--तभी तो औरतों के बीच बोली थीं, "अरी, यह क्या कोई तमासा है ? हम कहते हैं, तुम धजी का साँप क्यों बना रही हो। हाड़-मांस की नुगरिया। बताओ, ऐसे देख रही हो, ज्यों छिपकली हो।"

अम्मा औरतों को सुना रही थीं, और औरतें घूर रही थीं बालकिशन को, यानी किसी का ध्यान जाता कि न जाता, असल कसूरवार तो तुम्हारा लड़का है। साथ में सिर्री पगला भी, आँगन में डोंडी पीट दी।

बर्फ की तरह गला जा रहा है बालकिशन। विदा हो गईं औरतें।

शीलो भाभी का धीरज पहाड़-सा, जो गले, न टूटे बिखरे। क्षीण भी न हो। हद है, जैसे खुद को सँभाले बैठी रही, बालकिशन को भी पिघली बर्फ के ताल में से खींच लाईं। हाथों का गुनगुना परस बिन छुए ही महसूस कर लिया था उसने।

कोठे में उस जगह रुकी थीं भाभी, जहाँ उनका बक्सा रखा था--बंद बक्सा।

तुरत-फुरत खोला।

बालकिशन देखता रह गया खुले बक्से में मनमोहक संसार...रंग-बिरंगी साड़ियाँ और साया-ब्लाउज के साथ-साथ छोटी-छोटी डिब्बियाँ, रंगभरी पारदर्शी शीशियाँ। गंध-सुगंध ऐसी उड़ी कि आँखें मूँदे साँस खींचता रह गया। खुशबू पिये कि रंग में डूबे ? बेहोश-सा होता जा रहा है पाजेब और चूड़ियों की मिली-जुली झनक-खनक से। बालकिशन की सत्रह वर्षीय उम्र का यह पहला रंगारंग अनुभव है, जिसे किसी को बताना चाहता है, मगर रघु का ध्यान आते ही छिपा लेना चाहता है, उस नालायक का क्या भरोसा, भइया से ही कह दे ? अम्मा को ही सिखा दे या भाभी से ही दोस्ती बढ़ा ले।

उबर नहीं पाया था रंगभरे संसार से कि शीलो भाभी ने एक छोटी-सी गुड़िया सामने कर दी--लो, तुम्हारा नेग।

गुड़िया ! जिसके बादामी हाथ-पाँव, आँखों में चमकदार काले मोती, माथे पर लाल ईंगुरी बिंदी, लहँगा-ओढ़नी हरी और लाल--सजीव लड़की-सी गुड़िया ?

सर्वप्रथम गुड़िया को देखकर रीझ गया था बालकिशन। होश आया,

इधर-उधर देखा—पीठ पीछे अम्मा मुस्करा रही हैं, झेंप में डूब गया था उसी दम।

"धत् ! मैं कोई लड़की हूँ, जो गुड़िया लाई हो ?" भाभी की छठी उँगली बेजान-सी लटकी हुई थी और थरथरा-सी रही थी।

बालकिशन चुपचाप आगे बढ़ा और बिना किसी हील-हुज्जत के गुड़िया अपनी हथेलियों में सहेज लीं।

गुड़िया निर्जीव थी, कपड़े की बनी हुई, मगर हथेलियों के बीच आते ही लगा कि साँसें ले रही है। काली आँखों से टुकुर-टुकुर देखती है। बालकिशन ने मन ही मन सोचा—मंदिर की देवी का-सा मुँह है, गोल और चिकना।

ऊपर वाले कमरे में गया था गुड़िया की खातिर, क्योंकि ऐसा लग रहा था, जैसे किसी सजीव स्त्री के साथ है वह। स्त्री जो शीलो भाभी के साथ-साथ आई है।

खटिया पर लेटा-लेटा उस गुड़िया से बातें करता रहा, "भाभी का मखौल उड़वाया है मैंने ? माँ को चोट पहुँचाई है ? सगुनसात आई बहू के आगमन पर अठैन (असगुन) ! अम्मा का मन मुर्झा गया...बालकिशन अपराध-बोध के अथाह सागर में डूबता-उतराता...गुड़िया को परे धर दिया उसने। उसका सुंदर मुँह डरा रहा है। चमकीली आँखें कलेजे में धँसती हुई लगती हैं। हे देवी ! माफ करो।"

बालकिशन चुपचाप देवी के मंदिर गया था। पैंट की जेब में से अगरबत्ती का पैकेट और माचिस निकालकर महामाई की अर्चना की थी। यह बात भी वह रघु को नहीं बताना चाहता। देवी हर भक्त पर एक-सी कृपा नहीं करतीं। फिर रघु ठहरा कलजुगी लड़का।

"भई, है तो भाभी का गुलाम।" रघुआ बिना छेड़े माना नहीं।

उसने झिड़क दिया—कौन है गुलाम ?...लेकिन यह तो बालकिशन खूब जानता है कि भाभी के पास बैठे रहने में उसे अजीब-सा आनंद मिलता है। वे छू दें, तो देह में मीठी-सी लहरें उठने लगती हैं। बाहर कौन बैठे फिर ? क्यों बैठे ? भइया ही कान उमेठ देंगे। कई बार सोचा है भाभी से अपने सारे सुख-दुख, कह दे। कहने को होता है, तो डर जाता है। क्या पता, कुछ ऊल-जलूल ही न सोचने लगें। रघु के पिताजी जब-न-तब लड़कों को यह बात मंत्र की तरह पढ़ाते रहते हैं कि जनाना जात का क्या भरोसा ? उस मंत्र

के चलते भी बालकिशन भाभी में दिलचस्पी लेने लगा। उसकी हर बात में दखल देता, अपनी कहता और बड़ा ही सकून पाता।

अम्मा खुश थीं उन दिनों। उनके आँगन में सुरिज-सा बेटा, चाँद-सी बहू ! कायदा-करीने से सुपात्रा, इफरात बरकत से लक्ष्मी रूपा। बहुओं में एक बहू शीलो। भई, बाप के घर से घी-दूध खाकर आई है तंदुरुस्त और निरोग। ऊपर से झन्नाटेदार नौकरी वाले दीवान की स्त्री। सोने में सोहागा।

गाँव की औरतें भूल गईं कि छठी उँगली लटकते मांस के रूप में है भी या नहीं ? क्योंकि अम्मा जिस तरह निंदामूलक बातें उखाड़ लेती हैं, उसी तरह स्तुति की जलधारा भी बहा सकती हैं। हर देहरी पर शीलो भाभी की तारीफों के झरने। मुहल्ला सराबोर।

हर अति का प्रभाव उल्टा पड़ता है। कहीं सूखा मिले—इसी कोशिश में पड़ोसन वृद्धाओं ने अपनी-अपनी बहुओं की दंतघिसनी निंदा चालू कर दी। अम्मा जैसे इस मंच की सूत्रधार थीं। पराई जाइयों की बुराइयाँ सुनकर उनकी भूख खुल जाती और वे घर लौट आतीं, तो पातीं कि उनकी वत्सला बहू सास के इंतजार में सूख रही है। अम्मा के बूढ़े होठों पर प्यारी-सी मुस्कान खेल जाती।

सास-बहुएँ एक थाली में खाना खातीं फिर। तृप्ति-भरी डकार लेतीं अम्मा। कैसे निश्चितता-भरे दिन थे ! 'मोरे ठाकुर मेहर तुम्हारी, कहकर अम्मा महादेव का नहीं, शीलो भाभी का गुणगान करतीं।

...और भाभी धान के पौधे की तरह हमारे आँगन में जड़ें जमा रही थी दिन पर दिन।

रह-रहकर पिछला समय जाग रहा है।

क्वार-कार्तिक के दिनों में जेठ मास की गरमी। नक्षत्रों की अशुभ वेला, धरती-आसमान का क्या दोष ? देवी-देवता, कुल-पितरों का प्रकोप घर के लोग घिर गए। बालकिशन भाग्य पर विश्वास करने वाला ठहरा। कपाल को ही कोस सकता है। वक्त की मार कि उन दिनों वह बारहवीं में फेल हुआ। अम्मा ने बड़ा समझाया था और ताँसा भी था कि तू चलायमान मन का लड़का। ब्याह उसका हुआ, फेल तू हुआ !

उसके ऊपर दूसरी मार भइया ने मारी—अम्मा से लड़ गए। लड़ ही नहीं गए, बदजुबानी भी की।

"बदजुबानी ! किस बात पर ?" रघु के पिताजी ने सवाल किया, तो अम्मा होंठ भींचकर रह गईं। क्या खोलें, क्या बताएँ ? क्या मूँदें, क्या छिपाएँ ? आँधी के बाद बवंडर पोंछ ले गया एक-एक तिनका, जिसका सहारा ले सकती थी अम्मा।

बालकिशन के गम का क्या ठिकाना ? परीक्षा में फेल नहीं हुआ, हत्याकांड के अपराधी से ज्यादा गुनाहगार। कनखियों से लुक-छुपकर अम्मा को देखता। सोचता, जो भी सजा तजबीज करेंगी, सिर झुका देगा उनके सामने। कितने दिन से शीशे में देखकर बाल नहीं काढ़े उसने। लगता—चेहरे पर पुती कालिख के सिवा कुछ दिखाई न देगा। बस, कहीं अँधेरे एकांत में अम्मा मिलें और वह गोड़ पकड़कर बैठ जाए। कम-से-कम अपनी लापरवाही, अपनी नालायकी की तो माफी माँग ले। बस, इतना ही बोलेगा—उदास मत हो माँ, जान लगाकर पढ़ूँगा अगले साल।

सोचता ही रहा। मन में कई बार तस्वीर बनाई कुछ इसी तरह की, मगर कर कुछ भी नहीं सका। एकांत अँधेरे में खुद ही पड़ा-पड़ा पक गया पाल के आम की तरह। इतना पिलपिला हो गया कि कुआँ-बावड़ी में कूदकर डूब मरने की बात भी मन में उठी। उठी क्या, दृढ़ निश्चय तक पहुँच गया कुएँ में कूदना—बालकिशन की लीला खत्म।

शीलो भाभी अपनी राह चल रही थीं—ऊपर के कोठे में नहा-धोकर आतीं, पल्ले के भीतर से थाली निकालतीं, सामने सजा देतीं। आत्महत्या करने वाले को कितनी भूख लग सकती है, यह शीलो भाभी जानतीं, तो...

मुहल्ले में हर्ष-आनंद छाया हुआ था। रघु के घर का रेडियो फुल वॉल्यूम पर चलता कि भैंस चराते ग्वाले भी सुनें। बालकिशन कानों में उँगली ठूँसे बैठा रहता।

अम्मा की हिम्मत ठूँठ हो चली है। घर की पौर में बैठना छोड़ दिया। रघु के पिताजी से भी बातचीत नहीं करती। लोग फिर भी तफरीह लेते हैं—अब के तो रह गया बालकिशन ? चू चू चू ! ऊपर से उस सुमेर को देखो कि ऐसे बखत में आँखें फेर लीं। हाँ भाई, अफसर ऐलकार आदमी को अम्मा और भइया के लिए फुर्सत कहाँ ?

"हाँ, फुर्सत कहाँ," दोहरा देतीं अम्मा। फिर देवी मइया के तरह मुस्करातीं और देखतीं प्रश्नकर्ता की ओर, मौका पाते ही माथे पर तेज लकीरें चमकाकर अगले की नजरों में कीलें गाड़ने लगतीं, "मेरा सुमेर नहीं मानता कि बालकिशन फेल हो गया है। सो, रपट लिखाने गया है बोरड में। ठठरी बँधे अकवारी आदमियों की बदनीयती तो देखो, दो-चार को हवालात में क्या धर लिया था, सो उनने छोटे भइया को धर दबोचा। धुआँ सुलगों ने जान-बूझकर लंबर कम छापे हैं।"

तो अम्मा उदास नहीं थी, उपाय खोज रही थीं। और न वे भीतर दुबक ही गई थीं। आड़ में रहकर ही तो तलाशा जाता है मौका। वाह री अम्मा ! एक बात कहकर दो खाइयों का पटाव।

हँसने वालों की जात बुरी होती है, लोगों की लाचारी पर हँसने के ज्यादा से ज्यादा मौके खोज लेते हैं, "वाह री डुकरो ! सबको मूर्ख समझ रही है। कौन नहीं जानता कि अखबार वालों के हाथ में रोल नंबर लिखना-न लिखना रहता है, बस। नंबर कम करना नहीं...ये तर्क-वितर्क नहीं जानतीं अम्मा। वे तों बैरियों पर दनादन वार कर सकती हैं, "इस गाँव के आदमी मट्टी का तेल पिए रहते हैं। मेरे सुमेर की तरक्की सुनते ही कुढ़-फुँक जाते हैं। अरे, इतना तो कोई नादान भी समझ ले कि नौकरीपेसा आदमी के सौ बैरी। उसको गिराने की खातिर तो घूस देने को तैयार हैं यहाँ के लोग, हमें क्या इलम नहीं ? सुमेर सबकी आँख का काँटा।" आवाज में कमजोरी नहीं आने दी अम्मा ने। वे दुख-तकलीफ को पानी की तरह पीना जानती हैं, आखिर पिता के बाद उन्होंने ही अकेले जुआ खींचा है इस गृहस्थी का, डरी-झिझकीं, तो चला लिया गृहस्थ और गाँव।

जुलाई आते ही चौकन्ना हो गया था बालकिशन।

स्कूल खुलने से पहले ही झोला लेकर चल दिया था चिरगाँव। जो किताबें नहीं हैं या माँगकर पढ़ी थीं, उन्हीं के कारण हुआ है सर्वनाश। अबकी बार अपनी खरीदेगा, जब मन चाहे, तब देख-पढ़ लो। काश, यह अकल पहले आ गई होती !

झोला देखते ही अम्मा जल्दी-जल्दी सीढ़ियाँ उतरकर नीचे आ गईं, बालकिशन की मंशा पर पानी फेरते हुए ऐलान किया, "लला, छोड़ो अब बस्ता-मस्ता। बहौत टटोल लीं फर्दें। खूब मूंड़ लड़ा लिया कागदों से।

बेटा...अपनी खेती में हाथ-पाँव खोलो। हिसाब-किताब लायक आंक सीख लिए हैं, बस। बारहवीं भी पास कर लेते, तो सनद मिलती, सीसा में जड़ाकर कोठे में टाँग लेते, कौन सी खेत में बोनी थी ? नौकरी तो किसी हाल में नहीं करानी हमें।''

पिछला वाक्य कहते-कहते गला भारी हो गया। बालकिशन समझ गया कि हल की मूठ तो पकड़नी है मुझे, मगर अम्मा जो कुछ बोली है, वह सुमेर भइया सुन लेते, तो अच्छा होता कि माँ ने अपने फैसले की रस्सी तार-तार कलेजे से बुनी है। अभी तक घर-घर जाकर बैठने वाली माँ, बातचीत में रस लेने वाली सरसुती अपनी हमउम्रों में मुखिया बनी सखी चुपचाप पौर में लुकी-छिपी क्यों बैठी रहती है ? गाँव वालों के सवालों से घबराती है माँ ? बचने का कोई रास्ता नहीं मिला, तो अपने लिए कैद तैयार कर ली ?

एक दिन अचानक ही माँ ने कहा, ''अपने भइया के लिए चिट्ठी लिख दे, बालू।''

''क्या लिखवाओगी अम्मा ?''

''न कुछ,'' सोच में डूबी-सी बोलीं।

बालकिशन माँ के दुख को कितना समझता है, बयान नहीं कर सकता। हाँ, उन दिनों उसने देवी दुर्गा की भक्ति और हनुमान की उपासना कुछ ज्यादा सख्त कर दी। चार बजे से पहले ही उठ जाना, नहाना-धोना, हनुमान चालीसा का पाठ, देवी के मंदिर में जल चढ़ाकर बैठ जाने के बाद दुर्गा सप्तशती के छंदों का गायन। सुधि-बुधि खोकर लीन हो जाता। खाने-पीने की किसे खबर ? माँ ही पुकारती आती—बालूऽऽऊ...

''बारह वर्ष बाद घूरे के भी दिन फिरते हैं।'' अम्मा यह कहावत अक्सर कहती हैं। जब से सुमेर भइया लड़कर गए हैं, माँ यही कह-कहकर भाभी को दिलासा देती रहती हैं। शीलो भाभी का एक-एक दिन पहाड़-सा कटता है, बारह वर्ष कैसे कटेंगे ? अम्मा की बात सुनकर वे रोने बैठ जाती हैं।

भइया बारह वर्ष बाद नहीं, पूरे बाहर महीने बाद आए।

अम्मा ने ऐसे देखा, ज्यों गलियों में धूम मचाते आ रहे हों सुमेर भइया। भाभी मारे चाव के आँगन, कोठा और दालान में बेकाम की चकरघिन्नी की

तरह चक्कर काट रही थीं। और भइया के कमीज-कुर्ता का एक कोना ही देखने भर को मरी जा रही थीं।

तीन काल के ज्ञानी चंपादास बैद भोर की ठंडी वेला में आकर अम्मा को बधाई देने लगे, "बालू की माँ, बोलो अष्टग्रह शांति और कुंडली कामना का मंत्र-पाठ झूठा तो नहीं पड़ा ? मैंने क्या कहा था–चंडी माता तुम्हारे मनोरथ पूर्ण करेंगी। और जो वार खाली जाए, तो चंपादास नाम का कुत्ता पोसना।"

घर का सन्नाटा टूटा। बालकिशन की उपासना फली है। अम्मा के जुटाए जोग मिले हैं या चंपादास की पंडिताई में दम है। जो भी हो, अंत भला, तो सब भला।

शीलो भाभी ! बाप रे बाप ! सूरजमुखी का पूरा खिला हुआ फूल।

उदास-निराश फूलपरी को देखा है बालकिशन ने–बेमन खाना, मैला वेश और मौन-भरी बोली। वह पूछता, और पूछता। पीछा न छोड़ता, तो अम्मा जवाब देतीं, "नई ब्याही है, मायके की याद में हींड़ती है। तू पूछगछ रखा कर, देवर नहीं है ?"

अम्मा का इस तरह समझाना। भाभी का 'सुन-सुन' करके रोना। विकल हो उठता था बालकिशन। इस दुखी स्त्री का दुख कौन सा है ? क्यों शोक में डूबी रहती है भाभी ? क्या वह इनको खुश रख सकता है ? उसके मन में ये सवाल उठने लगे थे। सवालों से परेशान रहता। शीलो भाभी की दुल्हन वाली तस्वीर, आँगन में उनका चलना-फिरना, पाजेबों की झनकार, सब कुछ गुमसुम। बेदर्द खामोशी ने उसे भी गूँगा-सा कर दिया।

बालकिशन ने मन मथकर उपाय खोज लिया था, चिरगाँव जाकर सिनेमा के गीतों की किताब ले आया। भाभी चार अक्षर पढ़ी थीं, बाँचने लगीं। किस्से-कहानियाँ सुनाता। रात में छत पर बैठकर। हँसी की बातें होतीं। कहने का मतलब यह कि बालकिशन की हमदर्दी बढ़ती जा रही थी, लेकिन हमदर्दी और हँसी का आपसी तालमेल नहीं, क्योंकि सिनेमा के गीत पढ़कर शीलो भाभी ज्यादा उदास हो जातीं, वे यादों वाले गाने रट लेतीं। इंतजार-भरे गीत गुनगुनातीं, जैसे भइया तक पहुँचेगी उनकी पुकार और वे दौड़े चले आएँगे।

बालकिशन तब बात पलट देता, गाँव हुई घटनाएँ सुनाता। मसलन,

विमली जिज्जी जीजा को नहाते वक्त पाजामा की जगह पेटीकोट दे आई थीं। बरात में आई पतुरिया की रखवाली का जिम्मा बड़े दादा को दे दिया था और उन्होंने हर तरह से पतुरिया की हिफाजत की थी। बीसियों बार तो पूछते रहे थे–'काय रंडी, तुमने खाना खा लऔ ?', 'तो काय रंडी, तुम्हें मिठाई मिली कि नहीं, बड़े दादा की ओर बिना देखे ही पतुरिया भांडेर भाग गई थी–'लो, जा गाँव में रंडी से रंडी ही कही जात है ?' दादा को सब का कोप-भाजन बनना पड़ा। नए लड़कों ने ठंडाई की जगह दादा को रूढ़े घड़े का पानी दिया।

शीलो भाभी के उजले दाँत, मोहक हँसी ! बालकिशन अपनी सफलता मानता। यदि असर न हुआ, तो कोई दूसरी बात गढ़ लेता।

आज तो कोई नया ही दिन है। सूरज की रोशनी भी दूसरी तरह की, कि शीलो भाभी के चेहरे पर ही गजब की चमक है ? कि माँड़दार पीली धोती का अक्स पड़ रहा है गालों पर ? पाजेबें अपने-आप ही रुनझुना लेती हैं। इसे कहते हैं स्वाभाविक मुस्कान ! बालकिशन ने गौर से देखकर निश्चय किया।

अम्मा और फिरकनी में अंतर नहीं। अभी यहाँ खड़ी हैं, पलक झपकते ही वहाँ। कितने चक्कर तो द्वार के लगा आईं। सुरत बिसर गई। सो चबूतरे की खटिया पर जा बैठीं रघु के पिता जी के साथ। उन्होंने अपना साथी समझकर बेध्यानी में हुक्का सरकाया, तो तुरत नगाली गह ली अम्मा ने !

बालकिशन लपककर चढ़ आया चबूतरे पर, चिल्लाया, "अम्मा !"

अम्मा के ध्यान ने पलटा खाया–अरे !

रघु के पिता जी झेंप गए, "भाभी, तुम तो सुमेर की अगवानी पर बौरा गईं और मैं ?"

"काका, तुम अपनी भाभी को बौरानी देखकर पगला गए।"

ठहाका गूँजा चबूतरे पर ! कितने दिनों बाद लौटी है खुशी !

ब्याह के बाद का संग-साथ, अम्मा के लिए किया धरा, सब कुछ अकारथ ? अम्मा और शीलो भाभी का रवइया चोट मार गया बालकिशन को। भाभी, जो आज माँड़दार पीले फूलों वाली साड़ी पहनकर लकदक हैं, पाजेबों की ऐसी झनकार कि आँगन नाचने लगे। अपने-अपने में मस्त हैं दोनों की दोनों।

किसी को बालकिशन की याद नहीं। वह कटा-कटा सा महसूस करने लगा। भाग्य खराब है या वह है ही फालतू आदमी ? आज उसका अपना कौन है ? सबेरे का भूखा, खाने को पूछा है ?

बालकिशन की आँखें छलछला आईं। वह सड़े खूँटे की तरह सुमेर भइया ने एक ठोकर में ही उखाड़ फेंका। फनफनाता हुआ आँगन में उठते उछाह के बीच से तीर की तरह निकला और सीढ़ियाँ चढ़कर ऊपर वाले कोठे में चला गया।

सिनेमा के गीतों वाली किताब उठा ली। उलटता-पलटता रहा, जो एक हरफ भी समझ में आया हो...

"ओ बालूऽऽऊ..." अम्मा की पुकार पीछे-पीछे ही चली आई।

वह नहीं बोला।

"बलुआ ? कहाँ चढ़ गया अटारी में ?"

"कैसे याद आ गई मेरी, बड़े कुँवर के रहते।"

"उतर तो अज्ञानी ?"

बालकिशन के कलेजे में काँटों का झाड़ उग आया है। अम्मा भाभी की असलियत यह है। पिछला व्यवहार और आज का रवइया ? अब तक मीठी साजिश चल रही थी इस घर में। या भइया के झकाझक रुतबे से चकाचौंध सास-बहू की आँखें अब मैले-कुचैले बालकिशन को देखना नहीं चाहतीं ? ऐसा फेर...देवी की उपासना में भूल हो गई कोई ? मइया, तुम्हारी अंतर्दृष्टि बड़ी तेज है, लेकिन दास को भी तो मालूम रहे कि कहाँ चूका आखिर। भवन की झाड़ू-बुहारी से लेकर धोबा-धाई और अगर बैसांदुर...बालकिशन ने महामाई का ध्यान किया, लेकिन मन-ही-मन दो तस्वीरें निहारता रहा—कभी अम्मा, कभी शीलो भाभी। हैऽऽ, यह संसारी माया कहाँ से आई ?

अम्मा ही है, जो टेढ़े तरीके से पुकार रही है। उपासना भंग कर रही है।

बालकिशन ने खींचकर जवाब दिया, "किताब पढ़ रहा हूँ, नहीं आता अभी।"

"अरे ओ पढ़इया ! चल, नीचे उतर। पढ़ता, तो फेल होता।"

"अम्मा ! तुम माँ हो कि बैरिन ? अपनी खुशी में मुझे पछाड़ने लगी। या सुमेर भइया को खुश करने का यह नया ढंग है ? नहीं आता मैं !"

मुकम्मल जवाब देकर मन ठंडा हुआ। और उसी पलिका पर लेट गया, जिस पर शीलो भाभी उदास-उदास सी बैठी सिनेमा के गीत पढ़ा करती थीं—छोड़ गए बालम, मुझे हाय अकेला छोड़ गए।

...पर शीलो भाभी, आज तो तुम्हारी दुनिया में मेला भरा है। इस विचार के आते ही वह पलिका पर पाँव फैलाकर लेट गया, मानो वही उस सेज का मालिक हो। आँखें मूँद लीं, कल्पना में उतार लिया शीलो भाभी को, पास बैठी सिनेमा की किताब पढ़ रही हैं...सुकून मिल रहा है अम्मा को धत्ता बताते हुए। बड़ा आनंद आया।

"बालू !" शीलो भाभी ! पाजेबों ने कोठे में शोर मचा दिया।

"आँखें खोलो। बहाने किए पड़े हो यहाँ ?"

बालकिशन ने हठात् पलकें ऊपर उठाईं। अजब आलम ! शीलो देवी बाँहों में तकिया भरे, कंधे पर चादर धरे प्रकट हुईं। हँसी पर काबू नहीं हो पा रहा है, मुस्करा रही हैं। ईंगुर-काजल लाली पोतकर हम पर हमला ?

"उतरो पलिका के ऊपर से।"

बालकिशन को विश्वास नहीं हुआ कि कहने वाली औरत शीलो नामिनी है। भाभी, जो उसके साथ रोज ही यहाँ...फीके-फीके होठों से चुप्पी चिपकाए बैठी रहती है।

"बालू, सुन नहीं रहे ? बहरे हो गए हो ?"

"आय हाय, वर्दी वाले का इतना गुमान !"

"सुनते नहीं ?"

"नहीं सुनता, बहरा हूँ, बहरा।"

सदा 'बालकिशन लला' कहने वाली औरत आज 'बालू-बालू' कर रही है। परी बनकर आई है, तो हुकुम भी चलाएगी ? हमें झुकाकर रुतबा बनाएगी ? भीतर ही भीतर भभका-सा उठा। जब-जब खुद को उपेक्षित पाता है, उसे अपने बारहवीं के नतीजे की याद आ जाती है। विफलता आदमी को चाहे जब मार गिराती है। बी. ए. पास कर चुका होता, तो यही शीलो भाभी गरम दूध का गिलास लेकर हाजिर हुई होतीं। भैंस-बैल के संग जुतने वाले को लोग जानवरों से अलग करके देखना भूल जाते हैं। अम्मा की कही बात याद आती है—सफेद पिछौरिया की पूछ होती है।

सिर पर मालकिन खड़ी हो, तो पलंग पर बैठना...बेमन उठा बालकिशन।

खूँटी पर टँगी लालटेन उतारी। काँच हाथ में लेकर मन लगाकर माँजने लगा। सूखी टंकी में तेल भरा। बाती पेच सुधारे।

छत पर आवाज आई, "बालकिशन, लालटेन जल गई हो, तो ले आओ।"

भइया ! कितना नरम बोल रहे हैं। उसने लपककर नीचे झाँका। हाथ में लालटेन लेकर सीढ़ियाँ उतर आया।

चौके में से स्वादिष्ट खुशबुएँ उड़ीं। भूख बेकाबू होकर लहक उठी। बिना खाए ही सो जाना चाहता था बालकिशन।

थालियाँ-कटोरियाँ-गिलास उसके पेट में बज-खनक रहे थे। परवाह नहीं। रघु के घर दौड़ गया, दो कुर्सियाँ उठा लाया बजरंग बली की तरह। एक छोटी मेज़ भी।

फुर्ती से खाना परोस रहा है बालकिशन।

खाना खत्म होते ही अम्मा चहकीं, "बालू, खटिया चौंतरा पर डालना। दरी बिछा देना। भइया बैठेगा। आदमी जुड़ेंगे। और देख, दो-तीन मूढ़ा भी। रघुआ का बाप कह रहा था। दारोगा दीवान अपने घर आया है, तो गाँव के ऐलकार न जुड़ेंगे ?"

भाभी घूँघट में मुस्कराईं। अम्मा का हौसला चार बाँस ऊँचा !

सचमुच, आज की रात अन्य रातों से कई मायनों में फर्क थी--सदा सूना पड़ा रहने वाला चौतरा बतकहों से गुलजार था। समाज के विधान और जातीय औकात के हिसाब से लोगों ने खटिया, कुर्सी, मूढ़े और धरती घेर ली। बात थाने से शुरू होकर बीहड़ों तक पहुँची। छोटे-मोटे गिरहकटों की शुरुआत श्रीराम लाला राम जैसे डकैतों पर जाकर खत्म हुई। बीच में जीपों-मोटरसाइकिलों की टकहराट, बलात्कार, पकड़...राइफल और पिस्तौलों की सनन-सनन रघु के पिता जी दुखी होकर बोले, "आजकल का आल्हा यही है। बोलो पकड़ और बलात्कार की जय। साले बहादुरी भी बताते हैं, तो औरत पकड़ ले जाएँगे, बच्चों पर जोर आजमाएँगे। कायर लिड़इया।"

बालकिशन भी दिलचस्पी से सुन रहा था, पर अम्मा को चैन नहीं या बालू ही सबसे ज्यादा फालतू है ?

"चल भीतर। भइया के सोने का इंतजाम लगा।"

भइया रघु के पिताजी की बात से निराश नहीं हुए। पुलिस जब अपनी

वीरता बयान करने पर आती है, तो उनका डी. आई. जी. भी आ जाए, परवाह नहीं। बालकिशन को उन बदमाशों की कहानी सुनने में आनंद आ रहा था, जो पुलिस को भी छका सकते हैं। सिपाहियों को हगा-मुता सकते हैं। दारोगा-दीवान को धूल चटा सकते हैं। बालकिशन कथा को उल्टी करके समझता रहा—पुलिस की जगह डाकू। दीवान दारोगा की जगह चोर-गिरहकट।

आखिर भइया ने उठा ही दिया—"बालकिशन, अम्मा...

देखा कि किवाड़ों पर चिपकी खड़ी हैं श्रीमती शीलो रानी। अँधेरे में ही भइया के दरशन ! "डाकुओं से मुठभेड़ करना सीख रही हो ?"

भाभी की अदा एकदम बदली हुई...ठिठोली का जवाब बड़े संजीदा तरीके से दिया, "बालू, ऊपर के कोठे में से अपनी किताब-मिताब उठा लेना। तुम्हारे भइया वहीं...समझे, बिस्तर पर एक तिनका भी न रहे।"

"अच्छा !"

"जल्दी जाओ, हाँ।"

शीलो भाभी खनखनाकर हँसी। उन्हें बालकिशन की अवज्ञा करने में आनंद आ रहा है या भइया के आने की खुशियाँ मना रही हैं ?

उसका मुँह उतर आया। भीतर लपट-सी उठी। अपने ऊपर ही गुस्सा आ रहा है। उसके दुख को दिल से लगाए रहा, जिसने भइया का मुँह देखते ही मुँह फेर लिया। एकदम से दिखा दी औकात। अम्मा नीचे खींच रही हैं, भाभी ऊपर से धकेल रही है। होते-होते सिफर हो गई कीमत।

रात गए तक पौर में बैठा रहा। खाना नहीं खाया कि कोई पुकार ले इसी बहाने। निठुर औरत ! दुखी होता रहा बालकिशन...देखता रहा, वह रसोई सगुनाने में लगी है।

बड़ी देर बाद अम्मा ने पुकारा।

बालकिशन फुर्ती से उठा। चौके में पहुँच गया। देखा कि अम्मा खा रही हैं।

"लला, आसन डाल लो। अभी परसे देते हैं।" यह शीलो भाभी हैं।

"अरे, अबै नहीं।" माँ ने रोक दिया।

वह देखता रह गया अम्मा को।

"बालू, रघु के घर से अगरबत्ती माँग ला। ऊपरले कोठे में जला देना। जा और लौटावाद आ। फिर व्यारू (रात का खाना) कर ले।"

गुस्से में सदा ज्यादा खाता है बालकिशन। उसे पता नहीं कि उसने कितनी रोटियाँ खाईं ? वह तो अम्मा ने ही हाथ रोक दिया, "क्या कर रहा है, अफारा हो जाएगा।"

अन्न का नशा। बालकिशन बेहोशी की नींद सोया था।

अम्मा की खटिया के पास आँगन में ही पड़ी थी चारपाई। नींद में ही ऐसा लगा, ज्यों वह खर्राटे ले रहा है, घुरक रहा है। करवट लेकर सोना चाहता था, सो गया।

अँधेरे में कौन ?

खेतों की रखवाली करते-करते बालकिशन तनिक से ऐरे (आहट) से चेत पड़ता है। सन्नाटा है आँगन में। माँ पास की खटिया पर सो रही है। नहीं, जाग रही है अम्मा। अँधेरे की अभ्यस्त आँखों से देखा उसने।

बतिया रही हैं फुसफुसाकर।

रेंगती हुई आवाजों को पकड़ लिया बालकिशन ने।

अम्मा गुर्राने लगी, धीरे-धीरे।

"बेटा, ब्याह चलाए की बात और थी। बहू से नहीं बोला-बतलाया, न सही, मगर अब तो ब्याह को ढाई-तीन साल..."

"ढाई सौ साल भी हो जाएँ, मैं क्या कर सकता हूँ ?"

"ऐसे न कह। बहू की जवाबदार हूँ मैं।"

"अब तक समझाया है, समझा दो ऐसे ही।"

"अन्यायी, मखौल न कर।"

"मखौल तो तुमने किया है अम्मा।"

"ब्याह के पहले ही जता देता अपनी मंसा।"

"मैंने तुम्हारी फूलपरी देखी ही कब थी ?"

"देखने की मनाही थी, बेटा ?"

"देखकर बदल भी क्या जाता, अम्मा ?"

"अरे, कहकर तो देखता।"

"कहते ही तुम मुझे बाप का दिया वचन याद दिलातीं। घर की आबरू, इज्जत ही मेरा कान पकड़ लेती।"

"अब क्या इज़्ज़त की बात नहीं है ? जैसे ब्याहकर लाया, तैसे ही निभा।"

"मैं जानबूझकर दूर रहता हूँ ?"

"तो फिर ?"

"अम्मा, मेरा मन बड़ा जिद्दी है।"

"कनास, तेरा मन ठहरा, उस अभागिन की जिंदगी डूबी जा रही है।"

"डूब तो मैं भी रहा हूँ अम्मा।"

"चल नासपरे। तेरी जिंदगानी इतनी कच्ची निकली कि करिया-गोरे रंग में ही डूबने लगी। अरे सुमेर, खुद को देख, नासपिटे, तू कहाँ का चंदा है, सो सिंघलदीप की पदमिनी चाहिए।"

"अम्मा, मैंने कब कहा कि पदमिनी चाहिए ?"

"तो ?"

"तुम यश नामवरी की चाहना छोड़ दो, फिर सोचो कि तुम्हें अपने बेटे की खुशियाँ कुचल देने में भी गुरेज नहीं। ऐसी माँ...जो अपनी औलाद का मन ही न समझे।"

"ठीक है, मैं तो अज्ञान हूँ बेटा..."

"आपे से बाहर मत होओ। ठंडे दिमाग से सोचो, तुम्हारी छः उँगलियों वाली कल्लू बहू मेरे दोस्त को रोटी परोसने ही आ जाती, तो वह कल के दिन मुझे बोलने न देता। काले गोरे दो रंग...पर तुम्हारी बहू तो नीली है, बैंगनी।"

'हहहह...' भइया की दबी-दबी हँसी और अम्मा की उभरती हुई कराह आपस में गुँथ गई।

अम्मा बेशर्म माँ की तरह फिर पूछ बैठीं, "तू मस्खरी तो नहीं कर रहा कपूत ?"

भइया को अम्मा पर प्यार आ गया। उनकी दुबली गर्दन में अपनी बलिष्ठ बाँह लपेटते हुए, मुँह के पास मुँह ले जाकर बोले, "पगली अम्मा ! सिर्रिन। मस्खरी करूँगा तुमसे ? यह मेरा दोस्त चिरगाँव तक न आता, तो मैं आता ? बस, तुम्हें देखने..."

अम्मा चुप थीं।

भइया बोले, "दालें होंगी न ? गेहूँ भी। तुम्हारी सौगंध अम्मा। यहाँ के

अनाज की बात ही कुछ और है। घी की खुशबू दूसरी है। खाने की थाली सामने आते ही तुम्हारी याद आती है कि हमारी अम्मा की दली दालें, दलिया, तेल-घी...अकेला बालकिशन ही भाग्यवान है कि तुम्हारा पूरा-पूरा लाड़-दुलार...''

अम्मा ने भइया का हाथ पकड़ लिया, ''तू कम निर्मोही है ? सबेरे ही बँधवा दूँगी सामान। तूने इशारा कर दिया, बस।''

बालकिशन ने माँ-बेटा का रूठना-मनाना सुना-देखा, लेकिन उसे अँधेरे में दिख रही हैं शीलो भाभी। आँसुओं से आँचल भिगोती हुई। सिनेमा के बिछोह-भरे गीत याद करती हुई, कि छोड़ी हुई औरत के किस्से को सुनने की बार-बार फरमाईश करती हुई...शीलो भाभी के निजी दुख, गीली-भीगी आवाजें...लला, वह सुनाओ—एक रानी, जिसे राजा राजमहल में डालकर भूल गया। रानी समझ रही थी महल, असल में थी वह राजा की जेल। 20-21 साल का बालकिशन नादान था कि अजान ? मिलन-बिछोह का मरम नहीं समझ पाया। भइया को कोसना चाहता है वह, अम्मा से कैसी मीठी बातें की पीछे से।

सबेरे ही सामान बाँधा, जिसे लदवाकर भइया निकल गए।

अम्मा का दिन सुमेर भइया की बातचीत करते कटा—'सहर में मिलती हैं नकली चीजें। घी में घासलेट, नाज में ककरा-पथरा। सुमेर कह रहा था—दाल-तेल ऐसे अम्मा कि खाते ही हाथ-पाँव सूज जाएँ। आग लगै ऐसे सहर में। हम तो अपने सुमेर को हर महीना पहुँचा सकते हैं। फिर, क्या उसका हिस्सा नहीं ?'

रात होते ही मौसम तपने लगा और समय अँधेरे में डूब गया।

पता नहीं, अम्मा को क्या-क्या ख्याल आने लगे ? वैसे, साँझ से ही अनमनी हो चली थीं, बुदबुदा रही थीं, ''तो हिस्सा बाँट की जुगत बैठा रहा है। बहू से अनबोला बाँधे है। हम कहते हैं कि दाल-दलिया जिसने कूटा-पीसा, उसे भी संग ले जा।''

अम्मा की यह आदत आज की नहीं, सदा की है, दुखी होने पर पिताजी को गुहराने लगती हैं, ''धनी, मैं तो बड़ी अज्ञानिन ! हाय, तुम्हारी फोटू की कील आप-ही-आप कैसे उखड़कर गिरी रे ? सीसा खील-खील...असगुन...बालू के दादा घर में दिरारें पड़ने वाली हैं ?''

बालकिशन तब बुरी तरह विचलित हो उठा, जब उसे पता लगा कि अम्मा तो धीरे-धीरे रो रही हैं। वह लपककर माँ के पास आ बैठा। अम्मा से सट गया, उसकी साँसें-आग की झार। भपारे से उठ रहे हैं। भइया की पीठ फिरते ही अम्मा को उनका षड्यंत्र समझ में आने लगा ? जो उनके रहते बेटे का भारी-भरकम प्यार था। अम्मा इसी लायक हैं। देख लो अपने एलकार बेटे को, जिन्हें बचपन से हमारा आदरणीय बनाए रही हो। भाभी के दिल को दुखाने में उन्हें गुरेज नहीं, तुम्हें ठगने में परहेज नहीं। तुम उनके पाँव पखारने को तैयार हो, वह खाक डाले जा रहा है।

अम्मा बालकिशन की गर्दन में बाँह डालकर हिचकियों से रोने लगीं। वह पूछे, तो कुछ बताएँ नहीं, जैसे उनका मन खूब-खूब रो लेने का कर रहा हो।

आखिर में बैन किए, "बालू, मैं तो समझ रही थी रे कि सामान माँग रहा है, तो जुड़ रहा है घर से, पर वह देवता तो आदमी की मोह-माया जानता ही नहीं..."

अम्मा असाढ़ की गरमी में पूस की ठंड की तरह काँप रही थी।

कितना कुछ कहती रहीं, वह चुपचाप सुनता रहा। अंत में बोली, "बेटा, चल, मेरी खटिया बहू के कोठे में लेकर चल।"

बालकिशन माँ से अलग नहीं, उसी कष्ट की धार में बहता हुआ।

माँ खटिया पर सोईं। भाभी पलंग से नहीं उठने दी। वह धरती में दरी-तकिया डालकर पड़ रहा।

वह कैसी रात थी। पलंग पर एक स्त्री घिसटती रही हो जैसे। अम्मा के पास धीरज देने वाली बात खत्म हो गई। पूरी रात जागरण करने के बाद भी वह भाभी की बावत कोई हल नहीं निकाल पाया। भोर का तारा खिड़की से चमकता हुआ दिखाई दिया...लेकिन उसका दिमाग रुई की तरह धुना हुआ तार-तार...

जाड़ा-गरमी-बरसात गुजरती रही। शीलो भाभी बेअसर शिला की तरह पड़ी रही। अम्मा पिघल-पिघलकर राँगे की तरह निबटी जा रही थीं। घर दिनोदिन भयानक रूप से बदल रहा था। तीन लोगों की साँसों की आवाज चमगादड़ों की तरह फड़फड़ाती। भइया की दुलत्ती का कमाल, घर-द्वार चित्त हुआ पड़ा है। बालकिशन असहाय-सा घर से खेत और खेत से घर के बीच

झूलने लगा।

भक्त किसके पास जाए ? चारों दिशाएँ बहरी हो जाएँ, धरती आकाश के ओर-छोर सुनना छोड़ दें, तब आदमी कहाँ जाए और अपनों के विरुद्ध फरियाद करे, तो किससे करे ? देवी मइया के सिवा कोई नहीं। एक वही है माता, जिसका आँचल सदा पसरा रहता है। बालकिशन को भक्ति पर विश्वास है। उसने संकल्प लिया–

माँ, भइया के ब्याह के बाद वाली रौनक लौटा दो। अम्मा के बूढ़े मुँह से मीठी झिड़कियाँ उनका बेटा ही छीन ले गया, वापस कर दो। शीलो भाभी के नंगे पाँव सूने-सूने और गुमसुम। बालकिशन चार बजे ही नहा-धोकर जल-भरा लोटा ढारने जाता मढ़िया में। हनुमान चालीसा जपता। भजन गाता।

तो एक दिन देखता क्या है कि अम्मा ने आदेश दिया।

उसे लगा–मढ़िया में पधारी हुई महामाई बोली है।

"बेटा, रघुआ के बाप से गाड़ी माँग ला।"

गाड़ी आएगी।

"चार बोरा राई बिकनी है।"

"बिकेगी।"

"बहू को बाजार ले जाना है।"

"ले जाएँगे।"

राई बेचकर माधो सुनार की दुकान पर ले आया था और एकमुश्त रकम अम्मा के हाथ में थमा दी। मन की भावना चेहरे पर उतर आई–माँ, तेरा बेटा कमाएगा। तू मनमाना खर्च कर। दान कर। पुन्न कर।

शीलो भाभी के कान का गहना ! बालकिशन दिपदिपा उठा।

एक मीनादार मुँदरी ! उसके भीतर रंग उतर आए।

लिखवाया गया था मुँदरी के ऊपर–सुमेरनाथ। यकायक मन खटा गया।

वह देख रहा था–अम्मा चिड़ीपान की पायलें पहना रही हैं शीलो भाभी के पाँवों में। सुन रहा था कि बार-बार मना कर रही है बहू–सहमी-सी आवाज में, "नहीं, अम्मा जी..."

"अरी, क्यों नहीं ? धन माया विलसने क्या कोई दीगर आएगा ?" सिर पर हाथ फेरकर कहा अम्मा ने।

शीलो भाभी ने सिर झुका दिया।

बालकिशन ने जानबूझकर छेड़ा था, ''बिन माँगे ही मोती मिल जाते हैं किसी-किसी को। यहाँ तो डेढ़ साल से एक पहलवान छाप टी-शर्ट को तरस रहे हैं। माता की मेहर ! अपना-अपना भाग्य !''

शीलो भाभी बारीक-सा मुस्कराई। अम्मा ने मीठी चपत जड़ दी, ''नास गए, तू नंगा फिर रहा है क्या ? खेत जोतने में पहनेगा टीसाट। किसानी की पोसाक धोती-कुरता।''

बालकिशन मान गया–माता में सत्त है। घर लौटकर शीलो भाभी की जुबान पर आखर मचलने लगे। अम्मा से एक-से-एक मनहरन बातें–

''हाय, भगवान कसम अम्मा जी, हमारी बात सच्ची जानना कि हम तो तुम्हारी सेवा में जिंदगानी काढ़ देंगे ? अपना कौल, हमें कोई तकलीफ नहीं। काय बालकिशन लला, कोई सिकायत करी हमने ? अम्मा जी, जी खट्टा न करो। तुम्हारे रहते काये की चिंता ?''

बहू की सूरत चंदा से भी उजली। भीतर ही भीतर कोई ख्याल उमड़ आया, अम्मा की आँखें पनिया आईं। बोली, तो गला भारी था, ''बेटी, पढ़ा-लिखा लड़का...कौन से बैरी ने घात धरा दी। मोरे महादेव बुद्धि फेरेंगे तो सही। आज नहीं, तो कल। सबर का फल मीठा होता है। सुख नहीं रहा, तो दुख भी नहीं रहेगा।''

चंपादास बैद दवा और दुआ–दोनों जानते हैं। दुआ पढ़ने वाला पंडित घट-घट की बात पहचानता है। गाँव में बहती हवा का रुख और उड़ती चिड़िया के परों की परख रखता है। सूँघ गए कि इस घर में सास-बहू एक ही दुख से दुखी हैं। एक स्वर में बोलती हैं, एक मन होकर सोचती हैं। मनौतियों में उलझी हुई हैं।

''जै राम जी की, बालू की अम्मा !'' सफेद मूँछों वाले चंपादास बैद बुढ़ौती में भी फुर्ती से चलते हैं, जोग-जप जो साधते हैं।

आवभगत की अम्मा ने। घूँघट में से ही सत्कारी भाव दिखाया भाभी ने। चंपादास बैद को और क्या चाहिए ? औरतों की परेशानियाँ हल करना ही उनकी रोजी-रोटी है। बैद भी जनानी बीमारियों के हैं।

आना-जाना बढ़ गया उनका। आशा बड़ी दिलफरेब चीज है। भाभी वह

पुण्य कमा लेना चाहती थीं, जिससे भगवान नहीं, भइया मिल जाएँ।

"बालकिशन की माँ, बहू की ढारना-पूजना का सत्त था। तुम्हारी सुमिरनी का फल था। अबकी बार भी मेरे बताए जतन पर चलो, तो मजाल है कि..."

"बहू से महामाई के मंदिर तक और मंदिर से शिवाले तक ब्रह्म वेला में पेड़ भरवाओ (पेट के बल लेट-लेटकर पहुँचना)। पाँच गाय, तीन कुत्तों की रोटी नित नियम से निकाली जाएँ। तुलसी का चौरा और पीपल का पेड़ ढारे। घर में सुंदर कांड का पाठ करो। साला सुमेर क्या, सुमेर का बाप चला आएगा परलोक से। तप की माया, देवी-देवता का सिंहासन हिला दे, आदमी की क्या बिसात ?"

शुभ काम में देर-अबेर क्या ?

पूस माह के दिन। कड़ाके की ठंड। जप-तप का दौर चला। भाभी अँधियारे ही ठंडे पानी से नहाकर तुलसी पीपल ढारतीं। सुंदर कांड का पाठ करके रोटी बनातीं और फिर टुकनियाँ लेकर गाय-कुत्तों के पीछे-पीछे डोला करतीं।

अम्मा नहा-धोकर सुमिरनी जपतीं। दुख-शोक मनाने के लिए किसी के पास समय नहीं था। तपस्या पूरण होने के सपने में लीन थीं दोनों की दोनों। यहाँ तक कि चूल्हे-रसोई का भी ख्याल भूल जातीं। बालकिशन क्या शिकायत करे। भक्तिनों की भक्ति में बाधा डालकर पाप का भागी नहीं बनना चाहता। चौका-चूल्हा सँभालना मंजूर।

दिनभर धरम की खेती जोतती शीलो भाभी और अम्मा के मुँह में ग्रास डालकर वह दोहरा पुण्य अर्जित करता। दोगुनी मेहनत-बुवाई का समय चल रहा था। खेत बखरकर पटेला देने का समय जैसे-तैसे पाया। भाग-दौड़कर बीज जुटाया।

थका-हारा आता, तो शीलो भाभी उसके हाथ-पाँव धुलाकर रामायण का गुटका पकड़ा देतीं। देवी-देवताओं को रुठाना...पाप की सामा।

नींदवश पलंग पर ही लुढ़क गया बालकिशन। भाभी कब सोई, कहाँ सोई, उसे इल्म नहीं। सांत्वना देने की जितनी भी बातें सोचता था, रात तक भूल जाता। थकावट के रास्ते नींद सवार जो हो जाती।

अम्मा का अंतर्यामी स्वभाव कि सुमिरनी फेरते-फेरते मन विचलित होता

रहता है। अचानक तीसरा नेत्र खोल दिया। चटाचट ऊपर चढ़ आई।

"ओ बलकिसना ! पापी, चल। नीचे उतर।"

वह हड़बड़ाकर उठ बैठा।

"रे मूरख ! पुन्न की जड़ में दीमक की तरह आ बैठा ?"

भाभी पलंग से गिरते-गिरते बची।

"कंस, वह तो तप कर रही है, और तू विघन डालने पर तुला है।"

कान पकड़कर ऐसे उमेठा अम्मा ने कि सुस्त पड़ी नसें एकदम झन्ना गईं।

"पतिविरता जनी के पास तेरा काम क्या ?"

शीलो भाभी भोली बछिया-सी देखती रह गईं। पलंग पर रखी रामायण छूकर बोलीं, "हाय, क्या करती हो, अम्मा जी ! लला को क्या दोस ? अपना जत-तप हम साधेंगे। अरे, वो तो भराभर सो रहे थे। नींद में क्या होश रहे आदमी को ? उनका हाथ हमारी जाँघ तक आ गया। लो, कसम ले लो, जो हमने परस होने दिया हो। रामायण जी के सहारे ही परे सरका दी बाँह। अम्मा जी, हमारा ईमान हमारे संग...यह जनम तो अकारथ जा ही रहा है, परलोक भी बिगाड़ेंगे गैर मर्द को छूकर ?"

सचमुच ही अम्मा को भाभी की आँखों में झिलमिलाती पवित्रता को देखकर भरोसा बँधा। नियम-धरम वाली दुखी औरत...देखती रह गईं अम्मा। बालकिशन भी कम नहीं चौंका, भाभी नहीं, आसनी पर देवी विराजी हैं। यह स्त्री सती है। बचा लिया, नहीं तो पाप हो गया होता। तप खंडित।

बालकिशन के चलते शीलो भाभी अशोक वाटिका में बैठी सीता जी। साँवला रंग पीला पड़ने लगा। मिलन की लालसा में आँखें कुम्हलाने लगीं। प्रतीक्षा कर रही हैं वनवासी राम की तरह शहरवासी सुमेर नाथ की।

फिर बालकिशन कौन है ? हनुमान या रावण ? शीलो भाभी का चेहरा-मोहरा देखने वाला शख्स हनुमान कैसे हो सकता है ? नादान, नजर नीची कर।

इसके बाद व्रत-उपवासों का सिलसिला। सोलह सोमवार। संतोषी माता के शुक्रवार। केला-पूजन के वृहस्पतिवार। शनि ग्रह शांति के शनिवार। भाभी सूख-सूखकर काँटा होती चली जा रही हैं। उनका रंग बेरौनक हो गया। चेहरा लंबोतरा। सुंदर दाँत बाहर निकल आए। बालकिशन डर गया। उसने मंगलवार का व्रत अपने जिम्मे ले लिया।

शीलो भाभी की लगन। सारे व्रतों को पार करती हुई सती-कथाओं में प्रवेश कर गई। कथाएँ बालकिशन सुनाता—अनुसूइया, लोपामुद्रा, मदालसा, सावित्री, दमयंती...अम्मा विमली जिज्जी से 'नारी अंक, गीता प्रेस, गोरखपुर' जो माँग लाई थी। विमली जिज्जी सती-कथाएँ अर्था-अर्थाकर सुनाती हैं। सुनाते समय उनके साँवले चेहरे पर सती का तेज छा जाता है।

विमली जिज्जी ने ही कथा-कीर्तन कराए। शंख झालर वाली मंडली बुलवाई। अम्मा ने दिल खोल दिया—घी, शक्कर, आटा, प्रसाद-पंचामृत, हवन की सामग्री, पंडित-पुजारियों को जिंवाना-खिलाना, दान-दक्षिणा पाँचों वस्त्र।

...मतलब कि हजारों का खर्च एक ओर और अम्मा का बड़ा बेटा सुमेरनाथ एक ओर। थोक के भाव से किया हुआ पुण्य भगवान भी कहाँ धरेंगे ? कैसे सँभालेंगे ? फलेगा ही अंत में।

गली की औरतें भाभी का लोहा मान गईं। अम्मा की जै-जैकार हुई। भई, सच्चे मन से पुकारा है बहू ने। शीलो भाभी अपने प्रीतम की मीरा बाई बन गई थी। महल्ले की रधिया के ब्याह में ढोलक पर उन्होंने तड़पते हुए गाया था—

दिल है बेकरार तुम्हारे बिना
राजा देखो हमारी अँखियाँ,
हुई रो-रो के लाल तुम्हारे बिना
राजा देखो हमारा कलेजा,
हुआ जल-जल के राख तुम्हारे बिना
राजा देखो हमारी जवानी,
कोई थामे न हाथ तुम्हारे बिना

राजा माने सुमेर भइया। भइया तक यह टेर कैसे पहुँची, पता नहीं, पर बालकिशन के भीतर तक समा गया यह गीत। भक्ति-पूजा में साथ देने वाला वह कुछ उल्टी ही बातें सोचने लगा—कि जो तुम्हारी आँखें और कलेजा भूले से भी नहीं देखना चाहता, वह भला हाथ पकड़ने आएगा ? या बुढ़ापे में साथ देने...जो नहीं आता, नहीं दिखता, अपनी पहुँच के बाहर है, उसी के पीछे उम्र गँवाना...अजीब पागलपन है।

इशारों में समझाया था शीलो भाभी को, लेकिन उनकी अपनी ही बातें...''लला बालकिशन, जनी की जिंदगी...और फिर अपने आदमी की

आँखों से उतरी औरत ! हे मेरे संकर महादेव, दुस्मन की गति न करना ऐसी। मैं तो तुम्हारे भइया की लातों की फूल-पान समझकर माथे से लगाने को तैयार हूँ, लेकिन इस घर में दर तो पाऊँ।'' कहते-कहते शीलो भाभी के भीतर से उठा हुआ तूफान नरम होठों पर थमकर रह गया। नाक की लौंग, ठोड़ी का गोदना बुरी तरह थरथरा रहे थे। बालकिशन तड़प उठा।

अम्मा अधमरी-सी हो चलीं, ज्यों लोक-परलोक के देवी-देवताओं ने पछाड़ दी हों। उनमें आगे तक चलने का हौसला नहीं बचा। एक दिन बालकिशन के कंधे पर सिर गिराकर रो पड़ीं और रोते-रोते मुश्किल से कह पाईं, ''बहू को उसके मायके छोड़ आ। उस जल्लाद की आसा में...अपने नैन खो रही है।''

बालकिशन इस विपत्ति की बेला में यह मानकर चल रहा था कि सब कुछ अम्मा के मन-मुताबिक होना चाहिए। वह लक्ष्मण जी की भूमिका में बखूबी उतर गया। भाभी को छोड़ आया विरह-वन में।

लेकिन प्रभु की माया का पार नादान मनुष्य जान ले, तो फिर बात ही क्या ! भगवान की लीला या तकदीर का खेल, भाभी मायके गईं और भइया इधर आ गए। अम्मा के चलते यह अनहोनी...वे खुश होने के बजाय छटपटा उठीं। अपने हाथों ही भेज दी शीलो वनवास...

चंपादास बैद शरारती लड़के की तरह कूदकर आ पहुँचे।

''कहो बालकिशन की अम्मा, हमने क्या कहा था ? अब तो मान गईं कि मनोकामना का फल चंपादास की अंटी में बँधा रहता है !''

बालकिशन को पहली बार लगा कि भक्ति में वाकई शक्ति है। उसके बदलते हुए विचार गलत थे। देखो न, ऐन वक्त पर प्रभु ने पसार दी लीला। नहीं तो भइया आने वाले थे ? राम भजो।

घर के हर कोने में आशा की ज्योति नाचती दिखाई दी। लेकिन अम्मा है कि चमगादड़ की तरह सिर पटकती फिर रही हैं। कैसे उड़कर शीलो भाभी के पास पहुँचें और पंखों में बाँधकर ले आएँ। चौकन्नी आँखों से देखती हुई गृहस्थी चलाती रही, तनिक बात पर गच्चा खा गई।

''यह लड़का तो न जाने कब चल दे, सीलो कैसे आए अब ?''

हड़बड़ाहट का मतलब यह नहीं कि उपाय न खोज पाएँ अम्मा। उन्होंने तुरत बालकिशन को पास बुलाया। सोच में उतरी हुई वे तनिक सी आहट

पर चौंक पड़ती हैं।

"बेटा ! जा, पहले महामाई द्वार आ। संकर महादेव पर पान-फूल और दूध चढ़ा आ। सुभ घड़ी कि डेढ़ साल बाद लौटा है मेरा सुमेर। भूले-बिसरे देव-पितर, तुम्हारी जै रहे।"

"बालू रे ! ले, ये पइसा थाम, वहीं से वहीं निकल जाना बहू के मायके कि इस बैरी को भरम न हो।" कहकर अम्मा निढाल-सी बैठ गईं धरती पर।

फिर न जाने क्या-क्या बुदबुदाती रहीं—कौन सा पुरखा सराप गया कि घर की बंस-बेल में कल्ला फूटते दिखाई नहीं देते। बेटा-बहू का संग होते-होते रह जाता है। बाँझ देहरी...तेरे पिता को न सुरग मिले, न नरक। निरबंस आदमी अधबीच लटका रहता है।

अम्मा की गढ़ी इबारत या वेद-पुराणों की बातें, बालकिशन बेवकूफ-सा सुनता रहा था। बेटा, तेरा भइया जिस दिन नौकरीपेसा हुआ, तो बड़ी आस जोड़ी थी कि अब मेरा सुमेर बाप की चौखट में सोने की कीलें जड़ देगा, पर यहाँ तो भींते-पक्खा तक बचाने के लाले हो गए। हमारे अगले-पिछले करम या बहू का खोटा मुकद्दर ?

बालकिशन माँ की हारी-हारी बातें सुनकर खड़ा नहीं रह पाया। उनका कंधा पकड़कर घुटनों के बल बैठ गया। अम्मा के मन में जरूर कोई बात है, शिकायत है, तभी तो कोस रही हैं खुद को, शीलो भाभी को। जैसे सारा दुर्भाग्य इन्हीं के माथे लिखा हो।

सच ही, बालकिशन का स्पर्श पाते ही कड़क उठीं, "तू मट्टी के लोंदा...अरे कड़ा पानी पकड़। मैं भी तो देखूँ कि मेरा सेर-सिपाही कैसी गस्त मारता है। रातोरात जा और ले आ यहाँ सबेरे तक।"

माँ किस आकाश-पाताल से बोल रही हैं। बात कि पत्थर पर रेख।

"बहू के मायके वाले ना-नुकर करें, तो कान मत धरना। सीलो समझदार है सो तो। हवा की असवारी कर बेटा, तू तो हनुमान ढारता है।"

हनुमान ! हवा की सवारी ! अम्मा यात्रा के शुभ सगुनों के चलते चुप-चुप देहरी पर पानी के छींटें दे रही थीं। थान वाले देव पर मीठा रोट चढ़ाने की बोल रही थीं।

बालकिशन का शीश हिलाया, अपनी हथेली धोककर निर्भय किया--थान वाले देव तेरी रच्छ्या करें।

बालकिशन सोच रहा था—देवता भी छोटे-बड़े होते हैं ? उनका भी ऊँचा-नीचा समाज है ? नहीं होता, तो अम्मा इस तरह...? बड़े सिंहासन वाले देवों तक आवाज पहुँचेगी, अम्मा को भरोसा नहीं है। तभी तो उन्होंने छोटे-छोटे कुल देवता थान पर विराजे हुए, आदमी की बनाई हुई, कच्ची-पक्की मढ़िया, नन्हें छोटे चबूतरों पर छोड़ दिया है अपना विश्वास। वे ही करेंगे सहाय...

वह गैल-गैल गया था। चलते-चलते लगता रहा, थान वाले बाबा साथ-साथ चल रहे हैं। कभी उनका हाथ पीठ पर है, तो कभी उसके सिर पर। शीलो भाभी के गाँव तक की मंजिल तय कर गया। नहीं जानता कि वह हवा की सवारी थी या हनुमान की कृपा ? हौसला बुलंद था, लगन थी भाभी को लिवा लाने की।

जैसे गया था बालकिशन, उसी तरह चली आई शीलो भाभी। बिना रोए गाए, जैसी बैठी थीं, भाग छूटी ज्यों कान्हा ने वंशी बजाई हो। देखा नहीं फिर, माँ-बाप-भाई-भौजाई जागे या न जागे। धन्य-धन्य हैं शीलो भाभी। दरशन की प्यासी !

बालकिशन ने माँ का मन जीत लिया। उसके लिए यही सब कुछ है।

सरजू सिपाही की ब्याहता है, गाँव की औरतों की तरह लाल स्याही की टिक्की से होंठ नहीं रँगती, न काजल की डिबिया में उँगली सानकर आँख आँजती। बेसन-तेल हल्दी का उबटन ? हाय, सिपाही जी को उबकाई आ जाए। सफेद नीली शीशियों में क्रीम और गत्ते की फूलदार गुलाबी डिबिया में ललमुँहा पौडर रखती है। काली या मुलतानी मिट्टी बालों से चार हाथ दूर, शीशी में शैंपू है, चमेली के फूल की तरह महकता है। सिपाही जी जिस दिन आते हैं, पूरी शीशी खतम कर देती है सरजू। शहरी तबीयत के सिपाही जी एक शीशी की जगह चार लेते आएँगे।

अम्मा ने चार पसेरी अनाज बेचकर सरजू के बताए गए नुस्खे मँगवाए थे। सरजू दयालु स्वभाव की स्त्री है, खाली शीशी मिलान के लिए दे दी। साथ ही शीलो भाभी के बालों की छँटाई करने आ गई, अपनी कैंची लेकर। उसने बहुत कुछ अपने पति से सीखा है। पहली बार रात के समय उसकी

मैलभरी चुटिया सिपाही जी ने काटी थी।

शीलो भाभी गहरी साँस लेकर रह गई–दुनिया में ऐसे आदमी भी होते हैं।

उल्टे पल्ले का अभ्यास करा रही थी सरजू और भाभी को नई जानकारियाँ देकर उनके अज्ञान का ज्ञान करा रही थी, जिसके चलते किसी हद तक वे भइया को माफ करती जा रही थीं।

रही-सही कसर विमली जिज्जी ने पूरी कर दी। वशीकरण अतर ! चिरगाँव में ही जोगेंदर सिंधी की दुकान पर मिलता है। छिपाकर बेचता है। मर्दानगी की दवा की तरह खोलकर बेचा था। पहली बार। एक ठाकुर अच्छी तरह मरम्मत कर गया–साले जनाना झंडा फहराना चाहता है ? सिंधी ठहरा व्यापारी आदमी, लुक-छिपकर कमा लेगा पैसा। और विमली जिज्जी, जिन्होंने एक नहीं, दो-दो आदमी वश में कर रखे हैं–पति के अलावा गाँव के लेखपाल जी। आधा-आधा बीघा करके पूरा तीन बीघा खेत। शीलो भाभी के लिए इससे बड़ा उदाहरण और क्या होगा ?

अम्मा ने बालकिशन को समझाया–

''देख बेटा, अबकी बार तू रहना दूर-दूर, और मैं रहूँगी आएँ-बाएँ। बहू परसेगी-खवाएगी।''

उसका मुँह उतर गया–अम्मा ने रोड़ा समझ लिया हूँ मैं ?

''चल, चौतरा पर बैठ, बाहर। क्या मालूम, तेरे भइया को कौन सी चीज की जरूरत पड़ जाए।''

बालकिशन दीवार से पीठ चिपकाकर बैठा रहा। भाभी का शुभ चाहता है वह। घर से चली गईं रौनकें वापस लाने के लिए पूजा-पाठ करता है, फिर भी एक अनचाही फाँक पड़ती जा रही है मन में। लगता है, वह अपनी ही कमाई हुई खेती से बेदखल होता जा रहा है।

''कैसे अनमना बैठा है रे ?''

''तुम्हें क्या। बैठा हूँ, बस।''

''देख, मन मैला मत कर। मैं तो खुद ही चिंता की मारी...''

अम्मा कहकर चली गईं। वह भी बैठा कहाँ रह पाया ?

भीतर को उझक ही लिया–शीलो भाभी देवी-देवताओं के से चमकीले कपड़ों में सजी, फूलों का महक बिखेरती, हथेली पर 'सोने की थाली में

भोजन परोसे' की सी अदा से छमाछम सीढ़ियाँ चढ़ती चली जा रही हैं—बेझिझक, निडर चाल ! सच्ची में उनका आत्मविश्वास जागा है। अबकी बार मात नहीं खा सकतीं।

अम्मा आँखें मूँदे आँगन में बुदबुदाईं। देवी माता का सत्त।

अम्मा ने भइया को पुकारा, "सुमेर।"

वे तुरत हाजिर हुए। सफेद कुर्ता-पाजामा। पाँव में जोधपुरी जूती।

इशारा दिया अम्मा ने कि ऊपर सोना है, वहीं खाना।

भइया छत पर चले गए।

अम्मा बूढ़े होंठों में मुस्काईं, "नासपिटा, अब न आया लैन पर।" चमकती नजर से बालकिशन को देखने लगीं, जिसका जवाब उसने मुस्करा कर दिया।

वह देख रहा है, सुन रहा है, इस नाटक का सजीव पात्र है, जिसमें तन-मन से अभिनय कर रहा है। नाटक सुखांत हो, प्रार्थना में हाथ जोड़ लिए।

...लेकिन पटाक्षेप !

सुमेर भइया सीढ़ियाँ चढ़कर ऊपर पहुँचे थे, अब फलाँगते हुए नीचे आ रहे हैं। आश्चर्य !

अम्मा आँखें फाड़े रह गईं। उत्सुकता या भय ?

"अम्मा, मेरा बिस्तर तो ऊपर नहीं ?"

सब कुछ जानते हुए सुमेर भइया ऐसा सवाल करें, इसका अर्थ समझ गईं अम्मा। जवाब अम्मा के पास भी था, लेकिन किसको दें जवाब ?

बालकिशन को रह-रहकर टिटहरी वाली कहानी याद आने लगी—बरसों मेहनत की, घर बनाया। समुद्र की एक तूफानी लहर आई, बहा ले गई। टिटहरी कभी घर नहीं बना पाई।

कहीं भगवान अपने भक्त की परीक्षा तो नहीं ले रहे ? धर्म की किताबों में यह बात भी लिखी है कि भगवान परीक्षा के चलते ज्यादा से ज्यादा दुख देते हैं।

"ओ बेटा, सुमेर !" अम्मा पगली-सी भागी पौर तक पुकारती हुईं। लपककर भइया को पकड़ लिया। भइया ने परे झटक दिया बूढ़ी माता को। वे अधकुचले केंचुए-सी सिकुड़कर उनके पाँवों में लिपट गईं। अचेत भक्तिन

की तरह माथा रगड़ने लगीं उनके कदमों पर...

...मगर क्रोधित हुए भगवान।

बिफर पड़ी भक्तिन भी...“गर्दन दे जा हमारी, तबाह कर दे।”

“साला यह घर है कि नौटंकीखाना ?”

“कसाई मेरी कोख-दूध का यह बदला ?”

“बालकिशन, मेरा बैग तो उठा।”

“चला जा निरमोही, हम तेरे हैं ही कौन ?”

उन्होंने खुद ही बैग उतार लिया। जूते पहनने लगे। अम्मा को विलाप में हार जाने का दुख ज्यादा था।

“थाने के कैदी जेली समझ लिए तैने ? माँ-बाप पर हाकिमी जमा रहा है। सजा देगा ? जल्लाद तू किन राच्छतों में रहता है ?”

“मैं कहता हूँ, रोना-पीटना बंद करो।”

अम्मा एकदम से चुप हो गईं।

भइया ने दाँतों पर दाँत कसे। उनका गेहुँआ चेहरा तपे हुए लोहे-सा लाल...गर्दन की नसें फूल गईं, “सुनो अम्मा, मैं तमाशा करना नहीं चाहता, नहीं तो अभी हाल इस साली की चुटिया पकड़कर चौखट के बाहर तक घसीट लाता।”

शीलो भाभी के लिए भइया के बोल ! गाली और अपमान ! बालकिशन का कच्चा दिल थर्रा उठा। अम्मा के चलते सती बहू पति के क्रोध की आँधी में तिनके-सी...

बालकिशन ने सोचा था, सुमेर भइया ने जिस तरह झिंझोड़ा है, शीलो भाभी अधमरी पड़ी होंगी। लेकिन वे तो आँगन बुहारने आ गईं। दहशत नहीं मानी ?

भइया दालान में थे। उन्होंने घूँघट जरा नीचा जरूर कर लिया।

बर्तन समेट लाईं माँजने के लिए ! तो क्या ज्यादा से ज्यादा देर रहना चाहती हैं उनके सामने ? गुस्सैल आदमी का क्या भरोसा, हाथ छोड़ बैठे !

सुमेर भइया द्वार की ओर जाने के लिए बढ़े कि भाभी ने घूँघट उलट दिया ! अम्मा के सामने आकर बोलीं, “तुम अपने बेटा को जानती हो, हमें मायके से क्यों बुलाया ?”

अम्मा की ममता करवटें लेती हैं, इस समय वे बेटे के मोह में...

"तू तो चुप ही रह। तू ही न दलिद्दिर होती, तो यह घर ऐसे न उजड़ता।" यह एक वाक्य कहकर जैसे अम्मा भइया वाले पलड़े में बैठ गईं।

"मूरख, अपने आदमी को हाथ में करने की खातिर जनी को क्या-क्या जतन नहीं करने पड़ते ? सौ तरह के गुन-ढंग...तरह-तरह से रिझाती है। धनी के आगे बेड़िनी का रूप धरना पड़ता है। सीलो, मेरे जाने तू सेज पर भी गऊ माता...अरी सिर्रिन जनियों के चलते सतजुग-कलजुग सब बरोबर। सतियों के आदमी बेड़नियों ने छीने हैं सदा। बदल जाएँ जुग, यह बात नहीं बदलने वाली। बेटी, सती का रूप तो ऊपर का ढोंग है, बस।"

आज विधवा सास कैसी शिक्षा दे रही है ? भाभी देखती रह गई। पति मरे पीछे तपसिन की सी जिंदगी काटने वाली अम्मा जी का यही सच है ?

शीलो भाभी लाचार हो आई, "बताओ अम्मा जी, मैं क्या करती ? पाँव छूने बढ़ी, तो ऐसे उचके, ज्यों बिच्छू ने डंक मारा हो। कहा कि बैठो पलिका पर, तो होठों में जहर भरकर बोले, "बात करने की जरूरत नहीं। खाने की थाली आगे धरी, तो मुँह फेरकर कोठे से बाहर। ऐसे आदमी के सामने कौन सा रूप धरे कोई ?"

अम्मा के होंठों पर उदास हँसी थी, कि अपना ही मखौल उड़ा रही थीं--कपूत कहता है कि अम्मा, तेरी खातिर आया हूँ ! जवानी में कौन सा पूत आता है अम्मा की खातिर ? यह कह कि तेरी आत्मा धिक्कारती होगी और तू गाँव की ओर भागता होगा, पर बहू को देखकर तेरा गरूर है कि छल नाग की तरह फन उठाकर खड़ा हो जाता है। ऐसे बहुतेरे होते हैं, जो दिखाते हैं कि देखो हमारी मर्दानगी, हम लुगाई के चूतरों पर ठोरें मारे रहे हैं, वह फिर भी हमारे तलुवा चाट रही है। तू चार किताबें बाँचकर हमें सिर्रिन किए दे रहा है !

अम्मा बोल नहीं रहीं, तड़प रही हैं।

भाभी ज्यादा देर ठहर नहीं पाई। आँखें पोंछती हुई ठक-ठक करके सीढ़ियाँ चढ़ गईं। अम्मा को उनके रवैये पर बेहद गुस्सा आया कि अपने-आप से ही खफा थी, कौन जाने ?

"लै, देख लै नखरा ! खसम जू तो काग उड़ाउनी करे है, रानी फूलमती रूठ के दिखा रही हैं।"

सीढ़ियों की ओर टँगी अम्मा की नजर थक-हारकर नीचे उतर आई।

राह में खूँटी आ गई, जिस पर भइया का बैग...अम्मा के चलते वह बैग नहीं था, सुमेर भइया थे।

"तो चला गया ?" फसूकर छोड़कर बोली वे।

वीरान आँगन में ज्यों रंज का अंधड़ चला हो एकदम से।

बालकिशन के हाथ में घर के एक भी व्यक्ति को समेटने की ताकत नहीं। उसमें किसी को न रोकने-टोकने की हिम्मत, न सामर्थ्य। भइया का बाघ की तरह गुर्राना दहला रहा था, तो अम्मा की आँखों के अंगारे झुलसा रहे हैं। शीलो भाभी से क्या कहे, दुख की नदी में बहती हुई बिना डाँड की नाव...

पता नहीं क्यों, बचपन से ही नदी में छलाँग लगाने की आदत रही है उसकी, आज तो नदी के भँवर में फँसी हैं शीलो भाभी।

देवी मइया का सुमिरन करके वह सीढ़ियाँ चढ़ गया। भाभी डूबते-डूबते किनारा ढूँढ़ रही होंगी, तिनका ही बन जाए वह।

देखा ऊपर वाले कोठे में—धरती पर चित्त पड़ी हुई। मुँह पर पल्ला ढका है। अपनी तकलीफ छिपाने की नाकामयाब कोशिश...नहीं दिखाना चाहतीं, तो उसकी आहट पाते ही हिचकियों का बेग कैसे बढ़ गया ? इतना नादान नहीं है बालकिशन, पेट में पड़ी फफकन से ही भाँप गया कि तुम अतल कष्ट में हो, भाभी...

कलेजा टूटने लगा उसका। धीरज बिखर रहा है। किंकर्त्तव्यविमूढ़ की अवस्था में खड़ा का खड़ा रह गया।

जी कड़ा करके पास बैठ गया। हिम्मत करके फफकते पेट को छूना चाहा कि उस दुख का स्पर्श कर लेना चाहता था, जो शीलो भाभी के लिए मौत से ज्यादा कष्टकर है। नरमाई से हथेली फिराई—भाभी ! कंठ भरा हुआ था।

भँवरों के बीच शीलो ही नहीं, बालकिशन भी फँस गया। आँगन से उठता हुआ तूफान कोठे में प्रलय मचाने लगा। झटके से उठी शीलो भाभी चिल्ला पड़ी अचानक, "बालू ! तुम !"

वह सन्न रह गया, कलेजा बुरी तरह धड़का।

"हाय बालकिशन ! मैं तुम्हारे हाथ जोड़ती हूँ। तुम्हारे पाँव पूजती हूँ। नीचे जाओ यहाँ से। नीचे जाओ लला..."

शीलो भाभी नीचा मुँह करके कोहनी तक हाथ जोड़कर बैठ गईं सामने।

बालकिशन काँप गया। सती की भवों में बान खिंचा था। ये आँसू नहीं, विष-ज्वाल टपक रही है। भस्म हो जाएगा। दो बालिस्त पीछे सरकना चाहता था, लेकिन सीढ़ियों पर पछाड़-सा खाता हुआ लुढ़कता-लुढ़कता नीचे। महापातकी का हश्र ! सोचकर बिलबिला उठा। यकायक चेत पड़ा बालकिशन। लखन-भाव से पाँव पकड़ लिए भाभी के। डबडबाई हुई आँखों से पाँवों को निहारता रहा। सुमेर भइया के नाम के पहने हुए बिछियों पर अर्घ्य-जल।

घर में जो हुआ, वह पड़ोसियों की जिंदगी का हिस्सा है। भले करीबी लोग बैरी लगें अम्मा को, पड़ोसिन सखियों से बचती फिरें, लेकिन सत्ते की अम्मा ने कोई तपस्या करके वर-सिद्धि की है, उनकी सूँघने की शक्ति गजब की है।

हँसिया, मूसल, गुड़ और कड़ाही को काम के हिसाब से देखें, तो आपस में कोई तालमेल नहीं बैठता, लेकिन चारों चीजों को चार बार आई हैं माँगने। वह भी केवल दस-दस मिनट का अंतर देकर।

पूछा तो सत्ते की अम्मा ने चारों चीजों का आपसी उपयोग बता दिया--धान कूटकर चावल निकाला जाएगा। गुड़ डालकर भात रँधेगा कड़ाही में घी डालकर भात भुनेगा। गुड़ की भेली हँसिया से काटी जाती है आज के दिन, हमारे थान बब्बा के ऊपर।

अम्मा उनकी करकट बुद्धि पर झर्रा उठीं। पीठ फिरते ही बोलीं, "साँकल चढ़ा दे बालू। अबकी बार खड़काएँ, तो हरगिज न खोलना।"

साँकल किस चीज का नाम है, जेल के ताले तुड़वा ले सत्ते की अम्मा।

लो, आ गई फिर।

"अरी सरसुती, मीठा भात लाई हूँ। खोल किवाड़ !"

आवाज में खनक है, खाली हाथ नहीं आई सत्ते की अम्मा।

"चिल्लाने दे। यहाँ भात की किसे पड़ी है ?" अम्मा ने कड़ुआ मुँह बनाया। बालकिशन उनकी सुरीली आत्मीय आवाज को पीता रहा लगातार।

...लेकिन संकल्प की धनी नारी को कौन उखाड़ पाया है ? उन्होंने राह चलते लोगों को जोड़ लिया--भइया, दाल में काला है, घर के तीनों जन कहाँ

गए ? तीन क्या, चार। सुमेर भी तो आया हुआ है।

मिली-जुली थपथपाहटें पीट रही हैं किवाड़ों को। अम्मा ने अपने बाल नोंच डाले। पराए घर में सेंध मारेगी सत्ते की अम्मा, छिनार। इसके बाप का घर है, जो लोगों को लेकर खड़ी है ? लेकिन छुटकारा नहीं, भले अम्मा फाँसी का फंदा गले में पहन लें।

हारकर उठीं अम्मा। झटपट चेहरे पर पानी छिड़का, धोती के छोर से पोंछा और लपककर भाभी को कोठे में धकेला—भीतर ही रहना।

किवाड़ें खोलकर ऐसी खड़ी हो गईं, ज्यों सत्ते की अम्मा की बाट जोह रही थीं।

"आओ जिज्जी।"

"हाय सरसुती, मैं तो तिड़ी-बिड़ी हो गई। किवाड़ें बंद और भीतर से जवाब नहीं, सच्ची, बहू के लिए बुरे-बुरे ख्याल आने लगे। क्या करें री, बखत बुरा है।"

"अरी जिज्जी, दही बिलो रही थीं, कानों में और आग लगी है, कम सुनाई पड़ता है। जाऊँगी चिरगाँव दिखाने। चलो, भली आईं। तुम्हारे हिस्सा का मठा डबला (मल्सा) में भरकर धर दिया था। मैंने तो बहू से भी कह राखी है कि जिज्जी का हाथ बरक्कत वाला है, सबसे पहले उनका डबला भरा कर।"

अम्मा का बूढ़ा सीना बड़ा पुख्ता है। वे सुलगन और धुआँ के चलते भी चाशनी-भरी बातें कर लेती हैं, पर सत्ते की अम्मा की आँखों में कोई भूख व्याप रही है बुरी तरह। सफेद बालों पर धोती का पल्ला सरकाते-गिराते उनकी पुतलियाँ ता-ता थइया नाचती हैं, घर के हर कोने को छू आईं।

"ऐ बालू की अम्मा, सुनी कि दारोगा बेटा आए थे ? सच्ची, मैं तो उनके लिए ही भात लाई हूँ।"

"आया तो था जिज्जी।"

"आया था क्या ? सो चले गए ?"

'चले गए' का चाबुक पड़ा अम्मा की पीठ पर।

सह गईं और सहज रहीं। चेहरे पर शिकन नहीं आने दी बोलते वक्त, "अरी जिज्जी, सुमेर अब हमारा-तुम्हारा बेटा कहाँ रहा ? नौकरी का गुलाम हो गया। क्या आया, क्या गया, घंटे भर नहीं ठहरा। कहता था—चिरगाँव

के थानेदार से काम था, अम्मा। यहाँ तक आया और मिलकर न जाता, तो चैन न पड़ता। जिज्जी, सुमेर ब्याहा-ठियाहा होकर वीरान सूनी जिंदगी काट रहा है। सीलो की बावत बार-बार बात लाता था, पर झिझक ! अम्मा, तुम अकेली काम उठाओ, यह मैं नहीं चाहता, इतना कहकर रह गया।''

अम्मा की जलेबी जैसी मीठी बात का जवाब हाजिर था सत्ते की अम्मा के पास, ''अएँ, कह देती कि बेटा, तेरे सुख साके पहले, मेरा काम पीछे। हद्द करती है सरसुती, बताओ, बूढ़ी मतारी के पीछे बेटा जोगी-बैरागी...''

''मैंने कसर नहीं छोड़ी, जिज्जी। वही कह गया कि अम्मा, आऊँगा-जाऊँगा। तुम्हारा ख्याल न करूँ, ऐसा कपूत नहीं।'' अम्मा ने जितना दम लगाकर यह बात कही, सत्ते की अम्मा उतनी ही सशंकित नज़र से देख उठी—बेचैन-सी।

बेचैनी का इलाज जानती हैं सत्ते की अम्मा, चालाकी से कोठे की ओर नजर दौड़ाई। अम्मा का चेहरा फक्क पड़ गया।

भाभी घुटनों में सिर दिए बदहाल बैठी है। सत्ते की अम्मा के माथे पर गहरी लकीरें चमक उठीं। हालात ठीक से समझ चुकी हैं, तसल्ली करके बात को मोड़ देने की कुशलता का नमूना पेश किया तुरत—

''सुमेर की तरह ही मेरा सत्ते। साँची, अम्मा-अम्मा कहते हुए मुँह सूखता है। कितना समझाया कि भोले बावरे कबूतर, बहू के सामने बच्चा की तरह अम्मा-अम्मा मत रटा करे। बहू, सास के रिश्ते की जगह सौतिया नाता मान बैठेगी। बालकिशन की अम्मा, हमारा भाग अच्छा है कि पिछले जनम में गंगा में जौ बोए हैं, ऐसे सरवन कुमार बेटा...'' अपने चलते अम्मा का दिल जीतकर सत्ते की अम्मा कोठे में घुसी चली गई।

''हाय सीलो ! अरी, तू यहाँ बैठी है ? राजा अँगिया-बिछिया लाए होंगे, सो हमें भी दिखा, दुलहिन। अरी, हम भी अपनी जवानी के दिन याद कर लें। साँची, सत्ते के बाप बड़े रसिया थे। छिपाकर कलाकंद का दोना लाना कभी नहीं भूलते थे।''

अम्मा एक क्षण भी बिताए बिना उनके संग ही लपकी चली आई, सत्ते की अम्मा ने बात पर विराम न दिया था, तब तक ही बोल पड़ीं, ''सुमेर को चिट्ठी लिख रही होगी, सो चेहरे पर सुस्ती है। देख लो, खेलने-खाने के दिन...नौकरी बैरिन हो गई।''

सत्ते की अम्मा की उपस्थिति नहीं, अम्मा के गले का फंदा। उन्होंने जैसे

ही चौखट के बाहर पाँव रखा, अम्मा ने बालकिशन की बाँह गह ली।

"ओ बेटा ! मेरे लाल ! एक काम उठा दे मेरा, थोड़ी-सी जहमत...अपनी भाभी को मायके भेज आ।"

"अम्मा !"

"अरे, तू अचंभा करता है ! यहाँ लोग लुगाई नाक लगाए हमारे घर को सूँघते रहते हैं। मरती न होगी, तो मार डालेंगे। घाव कुरेदने की आदत है रंडी राँड़ों को।"

"अम्मा, शीलो भाभी से पूछा है ? लिवाने गया था, तब कह रही थीं। लला तुम भले आ गए। भौजाइयाँ बड़ी कठिन हैं। गोबर-पानी किए और बच्चे खिलाए बिना रोटी नहीं देतीं। अम्मा, तुम भाभी की बावत सोचो तो।"

"बालू, भौजाइयों का झंडा लहराते कोई ननद देखी है ? तू निसा खातिर रह, बेटी बाप के घर गोबर भी खुशी-खुशी पाथ लेती है।"

बालकिशन अड़ियल बैल की तरह खड़ा रहा।

अम्मा लाचार हो गईं या सत्ते की अम्मा से निपटकर मन ही मन खुद को झूठी पाकर खिसिया उठीं। विलाप करने बैठ गईं, "पढ़ा-लिखा बैल निकला सुमेर। बहू को देखते ही कैसा भागता है, ज्यों सोना-चाँदी तोड़ लेगी इसके। कि उसके परस से लोहे का हो जाएगा। तार-तार कथरी कोई कहाँ से सिए ? एक-न-एक दिन तो चदरिया की फाँके असलियत की मुनादी कर ही देंगी।"

"अम्मा नहीं, इस घर के पौर-दीवार, द्वार-आँगन सबके सब बिलख रहे हैं। अपनी आबरू की दुहाई दे रहे हैं। उधेड़ रहे हैं। शीलो भाभी कोप-भवन में नहीं, रहम-घर में हैं। अम्मा के पास तरस के सिवा उनके लिए कुछ भी नहीं, जो उन्हें दूनी तेजी से खत्म करने पर लगा है।"

अम्मा छाती कसकर चूल्हे के सहारे बैठ गईं। दुख मन की उपज है, देह की जरूरत नहीं। आलू की तरकारी और रोटी के चलते घर जिंदा हो उठा।

अम्मा थाली में तरकारी-रोटी नहीं, भाभी के लिए मोह-ममता परोस रही थीं, "पराई जाई के लिए इतने दुक्ख। रोटी खवा बहू को। तेरी बात न टालेगी। न माने तो अपने सीस की सौंगध देना। होते-सोते खसम का सबर नहीं बँधता जनी को..."

अपने लिए इज्जत-आबरू की चिंता, "कंस पूत ने जेलखाना तैयार कर दिया कि बिंड़े रहो घर में। गाँव के लोगों को हँसने का मौका थमा गया बालिस्टर..."

वह कहना चाहता था कि अम्मा, तुम नादानी पर उतर आई हो। भइया की गलतियों को अपने दोष मानकर शर्मिंदा हो रही हो। तुम्हारा कसूर क्या है ?

नहीं कहा एक शब्द भी। अम्मा का चेहरा देखते ही सिर खुद-ब-खुद आदर और श्रद्धा से झुक जाता है। माँ की आज्ञा मानना उसका धर्म है, नहीं तो पति-परायण शीलो भाभी से पूछता कि पति की इतनी पूजा करके क्या मिला ? एक दिन तो हमें भी 'पापी' कहकर दुत्कार दिया था, दुख में दिलासा देना कहाँ का अपराध है ?

दोनों हाथों में थाली नहीं है, माँ का हुकुम थमा है। यही सोचकर सीढ़ियाँ चढ़ता चला गया भाभी को खाना खिलाने।

...लेकिन शीलो भाभी तो पल्ला सँभालती हुई नीचे उतरी चली आ रही हैं ! रोया-रोया सा चेहरा और ढहनाती चाल। सामना सीढ़ियों के बीच हो पड़ा। करुणा में डूब गया बालकिशन।

...परंतु भाभी का लक्ष्य कुछ और था। वे अम्मा के पास पहुँची सीधी। गोड़ गह लिए उनके। स्वर बाँधकर रोने लगीं।

बालकिशन नहीं, आँगन भी थर्रा उठा।

अम्मा चुस्ती से चुपाने लगीं। उनका कलेजा मजबूत था। वे कोशिश कर रही थीं कि आवाज बाहर न आए। बूढ़ी बाँहों में भाभी का सिर था। अम्मा के लिए एक विनती थी, "अपने चरणों से अलग न करना, अम्मा। इस घर में पड़ी रहने दो, मैं खेत की घास...बुरी घड़ी में जनमी, तुम्हारी चाकरनी बनकर रहूँगी। बालू की दुलहन की टहल करूँगी। उनके बच्चे पालूँगी। रुखी-सूखी खाकर घड़ी काट लूँगी। मायके में क्या सवाल-जवाब नहीं होंगे ? दिन-रात की सूली..."

बालकिशन क्या सुन रहा है ? भाभी इतनी दुखी है कि जो नहीं हो सकता, जो नहीं सह सकती, उसे भी झेल जाने की बात कह रही हैं, जैसे पत्थर हो गई हों, आँधी-तूफान, मेह-बारिश, जाड़ा-पाला, गरमी-आग, कुछ भी बरसे, सह लेंगी...जिंदा आदमी तो कम से कम इतना सहन नहीं कर सकता।

शीलो भाभी का रोना ! उसे खौफ-सा होने लगा। अपने ऊपर गुस्सा भी आया, इतने तीखे दर्द को गुल्ली-डंडा का खेल समझ रहा था। घर की बहू दो रोटी की भीख माँग रही है !

अम्मा भी क्या करें, बहू को बेटी की तरह सहेज सकती हैं, जबकि वे खुद बेटे की दी हुई लाचारी में डूबी हैं।

रघु के पिता जी ने कहा—सुमेर बार-बार हिस्सा बाँट की बात लाता था। हिस्से की धरती भले बालकिशन जोतता रहे, लेकिन हिसाब से आधा बाँट कर तो दे दे अनाज, दाल-दलिया की पोटलियों में कितना बँधकर जा सकता है ?

अम्मा को हर माँ की तरह इस बाँट बटउअल वाली बात पर विश्वास नहीं हुआ। या कि वे ऐसी बात सपने में भी सोचना नहीं चाहती थीं। रघु के बाप की क्या है, अंदाजा ही मार रहा हो। ज्यादा चतुर आदमी बाल की खाल निकालता ही है।

अबकी बार भाभी की बाँह पर सन्नू फकीर से गंडा बँधवाकर अम्मा ने अपना धर्म छोड़ पीर मसानी पर विश्वास करने की ठानी थी। चंपादास लबरा आदमी ठहराए गए। झूठे आदमी की जात क्या, बात क्या ? वैसे भी बूढ़े आदमी के वचन निर्बल हो जाते हैं, चंपादास की आँखों की ज्योति, कानों की ताकत, हाथ-गोड़ों का दम तक साथ छोड़ने लगा है, चमत्कार कैसे कर सकते हैं ? अपने ही बाय दर्द नहीं सँभाले जाते।

यह कहकर अम्मा शीलो भाभी में नए सिरे से ताकत भरना चाहती थीं, जैसे अपनी नसों में नया खून महसूस करने लगीं।

रघु के पिता जी को ही भेजा था भइया को लिवाने। चूँकि भइया गाँव में उन्हीं का थोड़ा-बहुत लिहाज करते हैं। उनकी नौकरी में रघु के पिता जी का थोड़ा-बहुत हाथ है। अपने रिश्तेदार डी. आई. जी. की मार्फत चालीस हजार की रकम नौकरी के लिए ऊपर वाले हाकिम के पास अलग से भिजवाई थी और बीस हजार की किस्त भइया के ब्याह तक रबर की तरह तनवाई थी, जो भाभी के पिताजी ने अपनी बेटी ब्याहने की एवज में भरी थी। बेटी के सुख की बात।

दिवाली से दो दिन पहले की बात है यह, बालकिशन रात का पानी काटकर खेत से लौटा था। उसे अम्मा के बोल याद आ रहे थे—नाराज जो करके गया था उन्हें।

"हंडा धरजा लेकर," अम्मा ने कहा था।

बालकिशन ने बात कान नहीं धरी, जान-बूझकर अनसुनी करके चला गया ?

अम्मा गुस्से से चीख पड़ी थीं, "तू क्या समझता है, भगवान का चिराग है ? तेरे बिना रोशनी नहीं होगी ?"

घर आया तो देखा, सचमुच अँधेरा।

सन्नाटा !

"अम्मा ! ओ अम्मा !" पुकार अँधेरे में ही। किवाड़ें ठेलकर भीतर आ गया।

कंधे पर टिका फावड़ा पौर के कोने में डाला अंदाजे से।

कोई बोलता नहीं ?

उसके पाँव वजनी हो चले। क्या हो पड़ा ?

दूसरे ही पल ध्यान पलटा—सदा का नादान है बालकिशन। क्या मालूम कि भइया-भाभी ने ही एकांत मिलन के लिए अँधेरा कर लिया हो। अम्मा पड़ोसिनों को अपने बेटा की अगवानी सुनाने जा पहुँची हों।

रघु की बात याद आ गई—भइया आएँ, तब भाभी के संग देखना कभी, मजा आ जाएगा। जलन भी होगी, आनंद भी आएगा।

नहीं, ताक-झाँक करना उसकी आदत नहीं, फिर भी मन नहीं माना, तो बिल्ली की तरह गद्दार पाँव धरता हुआ आगे बढ़ने लगा। साँसें घूँटकर अपना होना छिपा रहा था। अँधेरे में रघु के बताए अपने सोचे चित्र उभरने लगे। मदहोश-सा नई दुनिया की खोज में चला जा रहा है।

अचानक टकरा पड़ा किसी चीज से।

चूड़ियाँ बजीं। टाल गया। वहम का मारा हुआ है वह।

किसी गठरी से पाँव जा भिड़े। अकबका गया।

बचकर चलना चाहता था। रास्ता बदल दिया।

मगर फिर !

अँधेरे में देखने की अभ्यस्त हो गईं आँखें।

गठरी दर्द से कराही, "कौऽऽन ?"

"अरे अम्मा !" सर्वांग चेत लौटा बालकिशन में। अम्मा की पुकार तो वह आकाश-पाताल काट कर सुन ले। लपककर आगे बढ़ा।

टटोलकर ढिबरी जला दी। पीली रोशनी फैल गई आँगन में।

एक नहीं, दो गठरी ! एक अम्मा, एक भाभी ! रोशनी में पड़ती हुई उनकी परछाइयाँ दो छोटे धब्बों-सी। घर की रौनक मुर्झा गई !

अम्मा मरते हुए केंचुए-सी आगे की ओर रेंगी। विलाप-भरी अंधकुचली आवाज..."बेटाऽऽ..." अम्मा ने पाँव को हाथ लगाया। छिटक गया बालकिशन। माँ पाँव छूकर उसके लिए नरक का द्वार खोल रही है।

शीलो भाभी की आँसुओं से तर हिचकियाँ—पनचक्की की हुच्च-हुच्च। समझने को अब क्या बाकी रह गया ? बरसों से सींची-पोशी आशा पर पाला गिरा दिया सुमेर भइया ने। वे पति हैं, भाभी को दगा तले दबा दें या रहम की भीख डाल दें, उनकी मर्जी, उनकी खुशी। इस आँगन में काँटों का छतनार विरछ उग आया है, जिसकी छाया में भाभी को बैठना ही होगा। गाँव समाज के चलते या सती देवी का सिंहासन है। भाभी की सभी तारीफ करते हैं और धीरज देते हैं कि उनकी छिंगुली उँगली से तेज की लौ निकलेगी, जो इस संसार के दुराचारियों को भस्म कर देगी—वे सीधी बैकुंठ जाएँगी। मरने के बाद भी उनके गीत गाए जाएँगे। बालकिशन के मन में कैसा पाप जागा कि सोच बैठा जिस देवी की ढारना-उपासना करता है, उस पर ऐसी ही विपता तो नहीं पड़ी थी कभी ? मढ़िया की जगह कोई ऐसा ही घर...

उसी समय अम्मा ने खींच लिया उसे अपने पास। धरती पर बैठ गया बालकिशन।

"तेरे भइया की ठठरी बँध गई रे...बालू, मर गया मेरा पूत।"

"अम्मा !" बालकिशन को अम्मा की यही बात नहीं सुहाती। भइया आने को हों, तो स्तुति-गान करें, न आएँ तो मौत-भरी गालियाँ बख्शें !

"आज नहीं, तो कल आ जाएँगे भइया।"

"ना, बेटा ना। आना था, सो आ चुका।"

बालकिशन को धक्का लगा, क्या हो गया ऐसा ? खैरियत तो है ?

"क्या हुआ ? बेकार ही हाय-हत्या मचा रही हो ?"

"हाय-हाय काये की ? मंगलचार मना बालू।" अम्मा के होंठ पीपल के

फटे फल से खुले हैं। दहल गया वह। मंगल यानी अमंगल ! अम्मा का आशय यही है।

"तेरे भइया ने दूसरी जनी...अपनी गिरिस्ती बसा बैठा सहर में। बज्जुर पटक दिया इस घर पर।"

"क्या ? क्या ? क्या ?" कम सुनने वाले इनसान की तरह सवाल किए उसने।

"क्या ब्याह कर लिया ?"

अम्मा की गीली कौड़ी जैसी आँखें बालकिशन के चेहरे से चिपक गईं। भयानक शक्ल हो गई। प्रेतिनी-सी बोलीं, "ब्याह ! अरे ब्याह का नाम न लेना," कहकर बहू की ओर देखा और आगे की बात चबा गईं।

बालकिशन जान गया कि ब्याह के प्रसंग में बात अभी अधूरी है।

अब क्या हो ? दर्द की मारी अम्मा और भाभी, किंकर्त्तव्यविमूढ़ वह। कहने को भइया के मुकाबले कमजोर है, लेकिन उसकी बाँहें फड़क उठीं। सामने होते, तो गर्दन पकड़ लेता, हमारे घर के साथ खिलवाड़ करने का हक तुम्हें इसलिए मिल गया है कि तुम्हारे पास नौकरीपेशा होने का लाइसेंस है ? तुम कानून की हिफाजत इसलिए करते हो कि हमारे घर का कायदा तोड़ो, तुमने वर्दी-बूट पहनकर हमारे घर को ही लूट लिया...जानते हो कि हम तुम्हारा कुछ नहीं बिगाड़ सकते। सच में हम तुम्हारे सामने खुद को बोलने के काबिल भी नहीं समझते, क्योंकि तुम्हारी जुबान हमें आती नहीं। हम तुम्हें प्यार करने में घबराते हैं कि कहीं कोई गलती न बन जाए। हम अपने-आप पर से भरोसा खो चुके हैं, इसलिए तुम कुचल रहे हो।

बालकिशन का यह भीतरी विलाप किसी ने नहीं सुना।

भाभी कभी नाक सिनकने जातीं, तो कभी लघुशंका को। अम्मा जैसे मौका ही ढूँढ़ रही हों। बहू के उठते ही बालकिशन के कान पर घुनघुनाईं, "बेटा, दूसरे ब्याह का नाम न लेना। नौकरी छूट जाएगी तेरे भइया की। रघुआ का बाप कह रहा था, सरकारी मुलाजिम को दो जनी रखने का हुकुम नहीं है। बालू, इस बहू के सामने तो ऐसी बात बिलकुल नहीं। तिरिया का क्या भरोसा ?"

वह कहना चाहता था—धूल डालो भइया और भइया की नौकरी पर, गोबध का श्राप लगेगा। भाभी को जीते जी मार गए...लेकिन अम्मा की बरती

सावधानी आड़े आ गई।

रात बीतने लगी। चौका सुन्न पड़ा था। प्याज के मसाले में तैयार की गई तरकारियाँ, सौंफ और धनिए की कचौरियाँ, मखाने की खीर, बुंदी का रायता...यानी छप्पन भोग छतीसों व्यंजनों से भरे लबालब बर्तन आदमी क्या, किसी कुत्ते तक ने नहीं सूँघे। बालकिशन ऊपर वाले कोठे के बारे में सोचते ही सिहर उठा। सरजू ने भाभी के बक्से में से उनके हाथ की कढ़ी चादर-तकिए निकाले थे, जो वे ब्याह के समय अपने साथ लाई थीं—इन्हें कब काम में लेंगी ? बूढ़ी हो जाएँगी तब ? बेसिकुड़न चादर वशीकरण अतर से गमकती हुई अनछुई ही बासी हो गई !

अम्मा को तभी खटका लगा था, जब बलि का बकरा सन्नू की पौर फलाँगकर छत पर जा चढ़ा था, और भैसों के झुंड में कहीं गुम हो गया था।

इस घर की रातें साल-दो साल बाद ऐसी ही गमगीन भयानक हो जाती हैं। इन रातों को भइया के हवाले कर दिया जाता है, जिस पर इस घर के देव-पितरों का, कुल देवताओं का, धरती-आकाश का भी जोर नहीं चलता।

शीलो भाभी ! फन पर चोट लगी नागिन !!

बालकिशन हतप्रभ रह गया। ऊपर से नीचे, नीचे से ऊपर भँवरी की तरह चक्कर काट रही हैं। हाथ से छूकर घर की दीवारों को ढहा सकती हैं। कोप-क्रोध की ऐसी भंगिमा पहली बार अख्तियार की है उन्होंने। बाँह का गंडा तोड़कर फेंक दिया। सरजू की दी हुई शीशियाँ, अम्मा द्वारा मँगाई श्रृंगार सामग्री घर के पनारे पर फोड़ डाली।

अरे ! अम्मा को भी आश्चर्य हुआ। इस गाँव में क्या चार-छः लोग ऐसे नहीं हैं, जो सालो-साल नहीं आते। आते हैं, तो उनकी स्त्रियाँ उनसे बेतुके सवाल नहीं करतीं। हालाँकि उनको गुपचुप अंदाज में मालूम रहता है कि स्वामी को बंगाल की जादूगरनी औरतों ने अपने चंगुल में कर रखा है। इसमें खास बात क्या है ? मर्द की मर्दानगी है। गाँव-समाज को भी उज्र नहीं होता, तभी न मौन रह जाते हैं लोग। इसमें न्याय-अन्याय की बात कहाँ आती है ? बिना रोटी के भूखे पेट कितने दिन रह सकता है आदमी ? निद्रा-भय-मैथुन-आहार...यह दीगर बात है कि औरतों को व्रत-उपवास का अभ्यास आरंभ से

ही डाल दिया जाता है। तेरे भइया नपुंसक तो नहीं, देह से कमजोर भी नहीं, सत्ते ने कहा था।

कहता रहे सत्ते। मानें, न मानें लोग। शीलो भाभी नहीं मानतीं। अब क्या हुआ ? जानती तो थीं कि सुमेर भइया के आने-जाने से उनके जीवन में कोई खास अंतर नहीं आने वाला। एक एक छोर पर, तो दूसरा दूसरे पर। अलग-अलग जिंदगी के विपरीत कोने। जाने-माने साफ रिश्ते को अभी तक तो अपनी तकदीर मानकर रही हैं। रोई हैं, बिलबिलाई हैं। कभी अम्मा की दया चाही है, तो कभी बालकिशन की सहानुभूति टटोली है। खत्म होते हुए संबंध को छटपटा-छटपटाकर ही सही, जीती तो रही हैं। अपने स्वभाव में उतारती रही हैं लगातार...

बालकिशन भी सहानुभूति के चलते पीछे नहीं हटा। तन-मन से उनके साथ-साथ रहा—अभागिन घूँघट में रोती हुई, सब तरफ से हारती हुई 'शीलो' नाम की स्त्री न मरे में, न जीते में।

अम्मा ने भी तरस का सोता खोल दिया। बहू के दुख में संग बहती रहीं।

अम्मा ने एकांत में पुकारा, "बालू, बहू के बाप को बुला लूँ ? पराई जाई का दुख देखा नहीं जाता। उसके दुख-दर्द के जिम्मेदार तो हम ही..."

अम्मा की अनुभवी आँखों में कुछ खतरनाक आशंकाएँ दिखीं—

"बेटा, कुछ कर बैठी, तो ? जान-जोखिम...बँधे-बँधे फिरेंगे।"

"अम्मा ! कहाँ तक सोच गई तुम ? भइया के ब्याह वाली बात पक्की है ?" तेज भँवर में फँसे रहे माँ-बेटा।

आसमान में देव-दर्शन करना चाहता था बालकिशन। गुहार के लिए आदमी धरती नहीं, आसमान टटोलता है, जहाँ कुछ नहीं होता, काले आकाश पर तारे ज्यों स्याह दैत्य के चेहरे पर चेचक के दाग ! न मालूम आधी रात के अँधियारे का यह रूप है कि बालकिशन के भीतर से उमड़ा चला आ रहा है काला आकाश।

हालाँकि अम्मा और भाभी ऊपर वाले कोठे में चली गईं, फिर भी वह अनहोनी बातें सोच रहा है। अम्मा से भी ज्यादा आशंकित। उसका ध्यान बगुले की तरह भाभी पर ही लगा रहा। बराबर।

डर रहा है कहीं...वह मुख्य दरवाजे की साँकल चढ़ाकर ताला डाल

आया। चाबी सँभालकर अपने कुर्ते की जेब में धर ली। पौर और कोठों के भीतरी कोनों तक पहुँचा ढिबरी लेकर—मिट्टी के तेल का पीपा, फसली कीड़े मारने वाली दवा उठा लाया। अपनी खटिया के नीचे सरका ली। माचिस जहाँ-जहाँ हो सकती थी, ढूँढ़ निकालीं। चूल्हे में पानी झोंक दिया, भले वहाँ गरम राख से ज्यादा कुछ न था।

अचानक याद आया, भइया की लाइसेंसी बंदूक ? अम्मा वाले कोठे में टँगी बंदूक फुर्ती से उतार ली और पनारे में ठूँस दी। निश्चिंत हो गया, अब कोई खतरा नहीं। भइया के दिए जख्मों का इलाज तो उसके पास नहीं, पर मवाद न पड़े उनमें, नासूर न बन जाएँ इस घर के लिए, ऐसी जुगत जुटा रहा है। शीलो भाभी को ही बचा रहा है किसी हद तक ? मालूम नहीं, क्या कर रहा है, घर की तो रेशा-रेशा इज्जत खत्म हो ही रही है ! ऊपर से हजार तरह से दहशत घेरती चली आ रही है।

बिस्तर पर सोने से आदमी को नींद आ जाती, तो वह सर्वसुखी होता। गद्दा-चादर-तकिया से लैस आरामगाह में लेटा बालकिशन आँखों में रात काटता रहा। मन में कई-कई बिच्छू जो लगे थे—डंक पर डंक...

झपकी आई हो, ऐसा उसे लगा नहीं।

...लेकिन हड़बड़ाकर उठ बैठा और मूर्ख की तरह चिल्लाया। बेअर्थ-सा कुछ, ऊलजलूल।

अँधेरे में आँखें फाड़-फाड़कर देखने लगा।

देख नहीं रहा, सुन रहा है दर्दनाक चीख। खौफजदा बालकिशन रुदन के स्वर में डूब गया—तकलीफ में सनी आवाज...ओऽऽ ओऽऽ दइऽऽया ! जिबह होते बकरे की-सी मरती हुई...तड़पन डकराहट।

खड़ा हो गया, कान चौकन्ने कर लिए। कोई अनहोनी दबोचती चली आ रही है।

"अम्मा ! ओ अम्माऽऽआँ।" जोर देकर आवाज निकाल रहा है।

अम्मा हाथ में लालटेन उठाए मुड़ेली पर लटक आईं तब तक।

ऊपर कब से कैसे पहुँचा, उसे होश नहीं। सीढ़ियाँ चढ़ा था, यह फलाँगी थी, कह नहीं सकता।

जो देख रहा है वह...कल्पना नहीं की थी।

बालकिशन की पुतलियाँ हिलकर रह गईं।

यह क्या ?

शीलो भाभी धरती पर लहलोट...एक हाथ ऊपर उठा हुआ ठूँठ-सा। थरथरा रहा है या बिना हिले-डुले ही...फर्श पर नजर पड़ी, तो खून ! मोटे-मोटे धब्बों में फैला हुआ। ताजा खून में लिथड़ी हुई नन्हीं-सी उँगली ! अलग कटी पड़ी है। तड़पती हुई...अभी जान है ?

शीलो भाभी ! दर्द से नीले हो गए होंठ फटे हुए हैं, मुँह खुला हुआ...पास ही गँड़ासा पड़ा है। चक्कर-सा आ गया। और फिर...

खून जम गया बालकिशन की रगों में। फटी-फटी आँखों देखता रह गया। अम्मा सहमी-डरी चिड़िया-सी...उनका बूढ़ा कमजोर शरीर हिल रहा है रह-रहकर। सारी सावधानी बरतने के बावजूद...

यह क्या कर डाला शीलो भाभी तुमने ?

कभी भाभी को देखता है, कभी उँगली को। दर्द से जड़ हुई शीलो भाभी और धीरे-धीरे मरती हुई उँगली, तड़पना बंद हो गया धीरे-धीरे।

अम्मा ने बालकिशन की बाँह पकड़ ली, "बालूऽऽऊ !"

वह धरती पर घुटनों के बल ढह पड़ा। भाभी के माथे पर हाथ धर दिया। कोशिश करके कराही भाभी—ओऽऽओऽऽ द-इ-या।

मांस के लोथड़े की तरह बेआधार-सी भाभी की देह...उसने अपनी बाँहों में भर ली। दर्द-भरे चेहरे पर साँसें झुका दीं। बालकिशन का कलेजा उलटा पड़ रहा था।

अम्मा को न नौसादर मिला, न फिटकरी। वे कुछ बोलतीं, कुछ कर बैठतीं।

"अम्मा, चंपादास बैद !" उसे इसके अलावा कुछ न सूझा।

"बेटा, पूरे गाँव में भोंपा बोलेगा।"

बालकिशन गुस्से के मारे काँप गया, "हद करती हो तुम। जिंदगी से बड़ी है तुम्हारे घर की इज्जत। ज्यादा खून निकल गया, तो प्राण के लाले पड़ जाएँगे। लो, थामो भाभी को।"

अम्मा के शरीर में इतनी ताकत कहाँ ? धरती पर लिटा दीं भाभी। बिजली की गति से दौड़ा। अम्मा आँखें निकालकर देखती रह गईं। मर्द... इज्जत...परवाह जैसे आखर बुदबुदा रही थीं। जोर से यह भी बोलीं कि लला, आबरू के घंटे तो हम जनियों के गले में ही लटक रहे हैं, जिन्हें उतारते बने,

न ढोते। वह जानता है, अम्मा लाचार हैं। सुमेर भइया की करनी का घड़ा अपने गले में बाँधकर डूबी जा रही हैं। विधवा रहकर दोनों बेटों का पालन-पोषण, बिना मर्द की इज्जतदार जिंदगी ! लुट गईं वे। एक पल को रास्ते में ठिठका था बालकिशन, गाँव के नर-नारी ? बेपैसे का तमाशा...बेभाव का दया-तरस। सबकी आँखों में सुमेर दीवान जी की माँ मुजरिम, भाई जल्लाद। बचपन के संस्कारों में बँधा काँप गया। मखौलों के हथियार चलाकर अपनों का भरम देने वाले लोग ही काट डालेंगे।

फिर भी वह भाग रहा है।

दवा-पट्टी कर दी चंपादास ने। अनुभवी हैं, बूढ़े हैं, तभी तो। अम्मा और वह—दोनों इस समय चंपादास के गुलाम की तरह खड़े थे, हाथ बाँधे।

भाभी पलिका के ऊपर थीं। वह धरती पर कपड़ा बिछाकर लेट गया। पलक झपकाने की भूल नहीं की उसने। अम्मा उससे भी हाथ-भर आगे, भीत के सहारे पुतरिया-सी बैठी रहीं भोर तक।

अगले दिन अम्मा ने बिफरकर गाली देते हुए कहा था, "बालकिशन, लिख दे उस कसाई को, हिम्मत हो, तो देख जाए कि वहीं बैठे-बैठे कैसी आरी चलाई है—कटे लोथड़े और खून-खच्चर...जी सिरा जाएगा। जो कुआँ खोदकर गया था, गाँव वालों ने उसमें ढकेल दिया है हमें। रो जाए हमारी लहासों पर..."

"अम्मा जी, कोई जरूरत नहीं।"

भाभी की आवाज में क्रोध है या घृणा, बालकिशन की समझ में नहीं आया कुछ।

समय बड़े-बड़े घाव भर देता है, लेकिन अम्मा के सामने 'बहू का क्या होगा'—यह घाव मुँह बाए हुए था।

शीलो भाभी का समय एकदम उलट गया, यह बात साफ थी और वे गऊ के चोले में बाघिन की नजर अख्तियार करती जा रही थीं। फिर भी अम्मा के अपनेपन में रत्ती भर फर्क न आया। क्षमा करती जा रही थीं या खुद ही अपराधिनी होकर जी रही थीं ? भाभी भी अम्मा के आगे-पीछे घूमती, यह जानते हुए कि अम्मा नहीं वे सुमेर भइया की माँ हैं, जिन्होंने उनकी जिंदगी

में आग लगा दी है। बालकिशन की समझ में जितना आया, वह यह कि वे दोनों सास-बहुओं के नाते से छिटककर दो औरतों की तरह रहती थीं। उस समय यह ज्ञान नहीं था कि एक विधवा है, दूसरी परित्यक्ता। देह के चलते वे एक-दूसरे की व्यथा समझती हैं।

बात इसके विपरीत भी थी, अम्मा जब न तब फुँफकार उठतीं। भाभी की पीठ फिरते ही उनके दस दोष खोजतीं, जैसे अपने मन में फँसी यह फाँस न निकाल पा रही हों कि इस कुरूपा अभागिन औरत के कारण उनका नौकरीपेशा, गाँव के चलते रौब-रुतबा और माया कमाने वाला बेटा छूट गया, घर बारह बाट...

फिर भी कोई एक बिंदु ऐसा जरूर था, जिस पर वे दोनों अपने-अपने पाँव एक ताल पर रखतीं-उठातीं। बोलतीं-बतियातीं, देर रात तक घुनघुनाती रहतीं।

बालकिशन को उस घुनघुनाहट की हवा तक न होती, जबकि वे दोनों सलाह-मशविरा करते समय एक-दूसरे को नई नजर से देखने लगी थीं। बड़ा मजबूत संदेह उठा था बालकिशन के मन में—हो न हो, भइया के पास जाने की ठान रही हों। उस दूसरी औरत को झोंटा पकड़कर पछीटने की योजना बना रही हों। या सुमेर भइया को अम्मा जमीन से बेदखल करना चाहती हों। इस समय शीलो भाभी अम्मा की बहू नहीं, बेटी रूपा है। पूरा गाँव उनकी इज्जत में झुका हुआ है। पिता के गाड़े हुए जिस झंडे का बाँस सुमेर भइया तोड़कर भागे हैं, अम्मा उस झंडे को अपनी बाँहों के सहारे थामे खड़ी हैं।

लेकिन बालकिशन क्या करे, देखते ही देखते दोनों के लिए रोड़ा सिद्ध होने लगा ! हालत यहाँ तक आ गईं कि वे दोनों बातें करतीं, वह आ जाता, तो दोनों बतियाना बंद कर देतीं, बोलो, कोई कितनी देर ठहर सकता है फिर ? मन-ही-मन रोता था वह। पुकार करता—अम्मा ! गलती हुई है, तो दो थप्पड़ मार लो, दो लाठी दे दो कमर के ऊपर, लेकिन ऐसी सजा न दो। दुरदुराना नहीं सह सकूँगा।

हारे को हरिनाम। बालकिशन देवताओं की सेवा में जुट गया। अपनी माता गले नहीं लगाती, तो धरती माता है, देवी माता है। भाभी तुलसी का बिरवा सींचती थीं, शंकर भगवान ढारती थीं। बालकिशन ने अपने जिम्मे ले लिया पूजा का काम। आदमियों का भरोसा टूट जाता है, तो मनुष्य अदृश्य

देवताओं को पुकारता है, जो अपनी इच्छानुसार इष्टदेव मान लिए हैं। प्रार्थना से अच्छा कौन सा काम है ? खेती से अच्छा कौन सा धंधा है ? बालकिशन के अपने बनाए हुए कुछ सिद्धांत हैं। चूल्हा सुलगाकर रोटी बनाना, दुखिया भाभी और वृद्धा माता को खिलाना भी तप में शामिल है। अम्मा की तपस्या को मन में धारण करके वह उनको देवी का स्थान देना चाहता है। भाभी के साथ दुख के सागर को पार करने की इच्छा है।

'प्रभो, मेरी जान चली जाए, पर इस घर का अमंगल न हो।' इस भाव से खड़ा वह अपना बलिदान देने के लिए राजी था।

मुबारक घड़ी कि अम्मा उसके पीछे ही खड़ी थीं।

पोपले मुँह से माँ ने पुकारा है—बालू ! या शीतला माता प्रकटी हैं साक्षात् ! मुस्कराती हैं माता, उसने मुड़कर देखा—पलकों पर उलझे दो मोती ! आँसू !

झुर्रियाँ भरी बाँह गर्दन के गिर्द लिपट गईं। एक हाथ से सिर टटोल रही हैं।

अम्मा ! विभोर हो गया बालकिशन। इतना प्यार कहाँ धरे, कहाँ उठाए ?

''बेटा, मेरे पीछे-पीछे आ।''

आकाश से देववाणी गूँजी हो ज्यों। हाथ पकड़कर ले चली माँ।

सीढ़ियाँ चढ़ती चली आ रही हैं अम्मा। बालकिशन पतंग की डोर-सा पीछे-पीछे।

आखिरी सीढ़ी पर रुकीं वे। सिर पर फिर हाथ फेरा। आशीषों से लादे दे रही हैं, कि फूलों से लद गया बालकिशन, किस तरह अम्मा का ऋण उतारेगा ?

''बेटा बालू, अब दुनिया में मेरा कोई नहीं। पढ़ा-लिखा लियाकतदार पूत लूट ले गया बुढ़ापा। थकी देह पर ठोकर मार गया।''

अम्मा रो नहीं रहीं, फिर भी आवाज बुरी तरह काँप रही है। माँ की दशा देखकर उसका मन हिलोर उठा। क्या-क्या नहीं कहना चाहता है अम्मा से, पर कह नहीं पा रहा। बोल होठों पर ही जम गए हैं। क्या समझ नहीं रही अम्मा ? अनकही बातें—जो हुआ, सो भूल जाओ, अम्मा ! मेरे रहते दुख मत करो। तुम अकेली ही तो भइया की दी हुई सजा भोगने के लिए नहीं,

मैं तुम्हारे चरणों में हूँ। शीलो भाभी के दुखों का अंत हो गया। मैं जिंदगी-भर तुम दोनों के लिए कमाऊँगा, इतना कि खूब बिलसो, उपकार करो, दान करो।

उसका संकल्प अम्मा के पीछे-पीछे चल रहा है और अम्मा भाभी के कोठे की ओर।

भाभी ! उसी पलिका पर उदास-सी बैठी हैं, जिस पर फूलों वाली चादर...उन्हें देखते ही घुटनों पर ठोड़ी टेककर नीची निगाह कर ली। मतलब कि देखकर भी नहीं देखा। बालकिशन अम्मा से जो नहीं कह पाया, भाभी के चरण पकड़कर दर्शाना चाहता है अपनी कामना। जूठे-मीठे टुकड़े नहीं, सबसे पहले थाली परोसकर तुम्हारे सामने पेश करेगी मेरी आने वाली दुल्हन। सुमेर भइया कमजोर चाल-चलन के आदमी हैं। उनके बारे में सोचना अपने-आप को घटाकर देखना है, जो तुम्हें शोभा नहीं देता। बालकिशन ऐसे ही नरम गुच्छे लाया है, भाभी के लिए।

"सीलो !"

वे पता नहीं, मन-ही-मन किन भावनाओं से लड़ रही थीं ? क्या मालूम कि क्या इतने गहरे खंदक में फँसी, अपने-आप से ही लड़ रही थीं ? चेहरा उठाया, तो अनकही मुठभेड़ दर्ज थी होंठों पर, नाक पर, आँखों में। अंग-इंद्रियाँ थक-हार गए हों जैसे।

बालकिशन उजबक-सा खड़ा था। अम्मा की धरोहर की तरह। तभी न माँ ने मजबूती से उसकी बाँह पकड़ी और शीलो बहू के सामने कर दिया—आज से यह तेरा।

अर्थ क्या था, रिश्ता क्या होगा, इससे परे जाकर बालकिशन ने आज्ञाकारी बेटे की तरह भाभी के चरणों में शीश टेक दिया। दो क्षण खड़ा रहा आँखों में बच्चे की नजरों की-सी चमक लिए हुए, ज्यों शीलो भाभी उसकी पीठ पर हाथ रखकर आशीष की जगह शाबासी देने वाली हों।

"बेटा, तकदीर का लेख कौन मेंट पाया है ? जोड़ियाँ ऊपर वाला बनाता है, बिगाड़ता है।" अम्मा अक्सर ऐसे ही दार्शनिक अंदाज में बोलती हैं—ठेठ बूढ़ों की तरह। वैसे भी, बालकिशन की मति सुन्न सी हो गई है।

अम्मा चल दीं। जाने दो। अकेले में भाभी को अपने विचारों द्वारा समझाएगा।

अम्मा ने जाने के बाद द्वार बंद कर दिया। धूप आ रही है सो।

साँकल जड़ दी ! सो क्यों ?

बालकिशन हक्का-बक्का नहीं हो गया, मन के सात द्वारों पर जड़े कपाट खुलने लगे एक-एक करके...बड़बड़ाता हुआ भागा दरवाजे की ओर।

असहाय ! अम्मा ने सोचा क्या ? बंद दरवाजे का अर्थ ? उम्र का छोटा नहीं है बालकिशन, पूरे तेईस साल का है। इधर-उधर देखा, चारों ओर से कैद।

"भाभी !" जुबान का लहू जम गया।

देह सुन्न-सी होती जा रही है। वह बेआधार लटका हुआ। पेट में धुएँ का सा गोला। यह स्थिति सहज तो नहीं। रात-बिरात खेतों पर रहा है, भूत-जिन्नों के आकार भी दिखे हैं अँधेरे में। ऐसा जहरीला कीड़ा नहीं रेंगा देह पर।

काश ! शीलो भाभी ही कुछ बोलतीं ? सदा पहले से बोलने वाली भाभी को आज क्या हुआ ? क्या उनकी देह में भी जहरीली झुनझुनी...

ऐं ! शीलो भाभी तो रो रही हैं। उनकी नाक से निकलती सूँ-सूँ। चेहरा घुटनों में छिपा लिया है इसीलिए ? हे अंजनिसुत ! बल दो, देवी माँ, रक्षा करो दास की। कौन सी कमजोरी है, जिसके चलते आवाज तक नहीं निकल रही ? देह की सारी ताकत सूँतकर गर्दन में ले आया और कलेजा बाँधकर सिर उठाया—कठिन परीक्षा ! पाप-बोध जागा है ? जोगी है बालकिशन...मगर रोती हुई स्त्री का ताप ! जो आदमी इस ताप की आग पर चलकर निकल जाए, तब सच्चा जोगी। वह शीलो भाभी की ओर से नजरें फेर लेना चाहता है कि न न न की ध्वनि का इकतारा-सा बजा मन में। बेहद कमजोर हो उठा वह।

किवाड़ें बंद हैं, भाभी रो रही हैं—इसका यह मतलब नहीं कि...अम्मा क्या यह कहकर गई हैं कि कोई बेमरजाद काम कर डालना ? पति द्वारा छोड़ी हुई औरत को दबोचना ही हुआ यह तो। लेकिन भाभी का अब कौन है ? पापी सदा पाप ही विचारता है, बालकिशन को दृष्टिदोष हुआ है शायद।

बंद किवाड़ों का मकसद ? मन विकारों की खान। तू भोलू भंडारी, औरत समझेगी नपुंसक। मुद्दे पर गौर करता हुआ खुद को तैयार करने लगा। बेटा, बढ़ आगे स्त्री-पुरुष आग-फूस। अचानक दो हाथ पीछे हटा वह। उस दिन दिलासा देते समय पेट छू लिया था, तो उस जुर्म की एवज टँगड़ी

मारकार औंधा कर दिया था इस औरत ने। आग फूँस के भइया, फूँककर धर देगी...लेकिन बार-बार भूलना चाहता है उस बात को। वह भ्रम भी तो हो सकता है।

अशोक वाटिका में दुखित सीता जी ! वह शीलो भाभी के पलिका से कुछ दूर धरती पर बैठ गया पालथी मारकर। मुड़े घुटनों पर पाजामा के ऊपर कुर्ते के कोने फैला लिए। भाभी और माता में क्या अंतर है ? हाथ जोड़ लिए छिपाकर। भीतर-ही-भीतर महसूस किया पवन-पुत्र बना बैठा है सेवक बालकिशन।

देखता रहा एकटक। याद करता रहा अनेक बातें, जो भाभी के लिए सोच रखी थीं, फिर पता नहीं क्यों, शीलो भाभी के चेहरे पर ऐसा क्या था कि खुद भी दुख दरिया में बूड़ने लगा। भाभी, कोई मुँदरी दो, मैं सुमेर भइया को तुम्हारी निशानी दूँ, और उस राक्षसी के रंग-महल में आग लगा आऊँ।

आँखों में पानी भर आया, क्योंकि जो बोलना चाहता था, गोला बनकर कंठ में फँस गया। भाभी के दुख से दुखी है कि अपनी ही कमजोरी... बालकिशन कमजोर देह के चलते सदा सोच-फिकर में रहा है। आज मन भी दुर्बल...लानत है। अम्मा ने क्या तुझे यहाँ फों-फों करके रोने के लिए बिठाया है ? मूर्ख आदमी ! कोड़ा-सा पड़ा पीठ पर।

शीलो भाभी ने गर्दन घुमाकर उसकी ओर देखा--डबडबाई हुई आँखें !

बालकिशन का धीरज टूट गया, आँसुओं की धारा फूट पड़ी। रोता गया। पुरुष स्वर में रोना...कमरा थर्रा गया। सँभालने के लिए कितने जतन किए, मगर जितना ही रुलाई रोकता, उतनी ही तेजी से रोता।

शीलो ने देखा, तो हक्का-बक्का रह गईं। खुद की आँखों के आँसू भाप बनकर उड़ गए। घबराकर पलिका से नीचे उतर आईं। बालकिशन की अर्द्धमूर्च्छित-सी अवस्था...शीलो भाभी न होती, तो उसका क्या होता ?

"रो रहे हो ?" पीठ पर हाथ धर दिया भाभी ने।

झेंप-सा गया। लगातार आँसू पोंछता रहा। सिसकियाँ लेता रहा।

'रोते हो, सो क्यों ?" महीन मीठी अपनेपन में भीगी आवाज !

वह और भी रोया।

"मेरा खोटा भाग..."

मुँह से कुछ कह नहीं सका। अपनी गीली आँखें भाभी के पाँवों पर

रगड़ दीं।

आवेग के क्षण या प्यार का असीम वेग—शीलो भाभी ने बाँहों में भर लिया उसे और चूम लिया। एक बार नहीं। कई बार लिया चुंबन—पुच्च पुच्च पुच्च।

रोए हुए गालों से नरम होंठ आ जुड़े, तो लगभग अदृश्य-सा हो गया बालकिशन। ऐसा जड़ कि भाभी के आगोश से छूटना चाहे, तो छुटे नहीं। भागना चाहे, तो उठा न जाए।

भाभी के पुचकार-भरे हमले जारी थे। अब वह भाभी की गोद में विचर रहा था—रूठे हुए बच्चे की माफिक। बार-बार चूमा-चाटी। मन ही मन डर भी लगा। ज्यादा देर ये सब चलता रहा तो दम न निकल जाए, जबकि एक मन यह भी था कि दम निकालती रहे शीलो भाभी ! अंत में समर्पित बालकिशन अपने गाल, होंठ, ठोड़ी, माथा—सब कुछ खुद ही हाजिर करता रहा। कमरे की हवा बदल गई। देह के जोड़ खुलने लगे। गुनगुनी तरंगों में तैर रहा है वह।

उसी समय अम्मा ने किवाड़ें भड़भड़ाईं, "सीलो, रो कौन रहा था री ?"

"कुछ नहीं अम्मा जी, सब ठीक है।"

क्षणिक विराम लगा रसलीला में।

अबकी बार उसने खुद हाथ उठाया भाभी की ओर। सत्यानाश हो, अंदरूनी संस्कारों का, हाथ में जैसे हथकड़ी कस गई। ऐसा क्यों हुआ, कारण हैं, अम्मा को छोड़ दूसरी औरत को छुआ नहीं है उसने। भाभी के पेट को छूने का गुनहगार है, सो सजा पाई थी। अब इच्छा मचल रही है, हिम्मत दिखाता है, पर देह नहीं देती साथ।

वह अबोध बच्चे-सा...शीलो भाभी गुनी औरत है, उसे चिपटाती जा रही है। गरम सीने में बरसों का जुड़ा ताप, बालकिशन का रोम-रोम झन्ना उठा। जवान होते बछड़े कैसे बिफरते हैं, अपने भीतर महसूस हो रहा है। बेकाबू बछड़ा बालकिशन, काबू में कर लिया शीलो भाभी ने ! शीलो रूपी औरत की मेहरबानी, बालकिशन पूरा-पाठा मर्द कब बन बैठा, याद नहीं। वे होशोहवास के लम्हे न थे।

बाद में नींद।

मुंडेर में कागा बोला। पेड़ों पर चिड़िया चहचहाई। सूरज भगवान का

रथ आधे रास्ते आ गया। बालकिशन की नींद नहीं टूटी।

इधर खिड़की से घुसती हुई धूप पलिका पर चमक रही है, उधर बालकिशन सपना देख रहा है। उसके गले में रेशमी फूल-माला ! उसके नीचे इंद्रासन। मक्खन की सी चिकनाहट में रपट रही है देह।

यह सपना ! अजब सपना ! हड़बड़ाकर जागा। इधर-उधर देखा, मैं कहाँ हूँ ? दाहिनी ओर पुतली फेरी, तो सनाका खा गया—हे बजरंग बली, यह भाभी ! अधनंगी, रेशमी फूल-माला की जगह शीलो भाभी की बाँह ! सिंहासन इंद्रासन कि बिछौना की चादर ? क्या से क्या हो पड़ा मेरे महावीर...माता के साथ व्यभिचार...रात की बातें एक-एक करके याद आने लगीं। याद आकार लेने लगा। महसूस हुआ कि धरती हिल रही है।

स्वामी ! रक्षा करो देवी माँ ! बचा लो। भाभी से आँखों ही आँखों में बात करने की इच्छा रही है मेरी। उनके दुख में दुखित होना भी चाहा है, पर रत्ती पर भी पाप नहीं विचारा कभी। जो कुछ हुआ, क्षमा करो।

क्षमा-याचना के बाद अनचाहे ही देखने लगा शीलो को—नंगी स्त्री। फिर कहाँ बजरंगी, कहाँ पवन-सुत और कहाँ देवी माता ? कंचन काया से चकाचौंध हैं आँखें। यह दुनिया दूसरी है। बालकिशन मर्द बच्चा है, गऊ का गोबर नहीं। उसने आँखें भींचकर चादर खींची और शीलो के संग दुबककर सो गया।

नींद नहीं, मदहोशी ! उँगलियाँ काँपती हैं—मधुमक्खी का छत्ता निचोड़ेगा। दीन-दुनिया से परे मन में शीलो, तन में शीलो, रंगभवन में शीलो...शीलो... मन के इकतारे पर एक ही नाम निकलता है—शीलो।

शीलो नाम की ऐसी लगन लगी कि 'भाभी' शब्द सदा को भूल गया।

भाग-दो

"बछिया* होगी।"

ऐलान अम्मा का। नहीं तो गाँव के लोग, बिरादरी वाले पूछेंगे नहीं कि सुमेर की दुल्हन बालकिशन की घरवाली कैसे हुई ? ब्याह तो तेरा हुआ नहीं, हो भी नहीं सकता। धरती में गगरी गाड़कर उसे फोड़ देने का रिवाज भी हमारे यहाँ नहीं हो सकता। यह असगुन तो तब होता है, जब राँड विधवा से गठबंधन हो, हजारी उमर हो मेरे सुमेर की।

"बछिया पुन्न होगी। पंडित मंतर पढ़ देगा।" अम्मा ने दोहराई यह बात।

शरमा गया बालकिशन।

"नई चूड़ी-बिछिया ले आना बाजार से। और बेटा, पाँत-पंगत का इंतजाम लगाओ। तंबू-कनातें भी चाहिए। तू सामान लिख ले। भूल-भाल जाएगा।"

बालकिशन के उछाह का ठिकाना नहीं। नई-नई मर्दानगी-भरा पुख्ता आदमी। बछेड़े की तरह कूदता-फलाँगता चला गया चिरगाँव। अम्मा के बताए साड़ी, साया, चूड़ी, बिछिया, महावर, चप्पल लेता आया। साथ ही हलवाई भी तय कर आया। पाँच-छः सौ आदमियों के हिसाब से घी-मसाले ले आएँगे अपने संग। आटा-चीनी बता दी है, कल परसों ले आएगा।

तंबू-कनातें आईं और गड़ने लगीं।

शीलो बोली, "यह क्या ?"

"बछिया !" सास ने कहा।

"न। बछिया-मछिया कुछ नहीं।"

"ऐं !"

"नहीं, बिलकुल नहीं।"

"हाय गजब। गाँव-समाज को क्या मुँह दिखाएँगे ?"

---

* बुंदेलखंड में स्त्री का दूसरा विवाह बछिया दान करके सादा रीति से संपन्न किया जाता है।

"मुँह दिखाने को किसी की गाय मारी है क्या ?"

"अजस गठरिया मत बाँधे मेरे सिर, हाँ।"

शीलो ने नया-नया इनकार करना सीखा हो जैसे, नाही में सिर हिलाती रही।

ऐसी जिद ! अम्मा देखती रह गई। परेशान हो उठीं। शीलो से उन्हें ऐसी आशा नहीं थी।

अंत में शीलो ने अपने दिल की बात कह दी, "अम्मा जी, रीत-रसम लिखा हुआ रुक्का तो नहीं होती।"

अम्मा भौंचक्की।

बालकिशन के अरमानों पर माघ का तुषार गिरा। वह दूल्हा न बनता, मान लिया, पर कुछ तो होता। ब्याह जैसा ही कुछ, मगर हो कैसे ? शीलो के बिना।

शीलो ने समझाया—तन-मन का ब्याह। तीसरा कौन होता है हमारे बीच ?

"बछिया फिर हो जाएगी। अभी बहू का मन चैन में नहीं।" अम्मा ने बालकिशन को रोक दिया सामान लाने से। अम्मा इस खुशी को मना लेना चाहती थीं कि उन्होंने बहू की जवानी अकारथ नहीं जाने दी। शीलो सास का गुन मान रही थी और दरियादिली भी। ऐसी सास कौन सी होगी, जो अपने वारे कुँआरे पूत के सिर छोड़ी-त्यागी बहू मढ़ दे। और सरीखी होती तो बेटा पीछे त्यागता, माँ पहले झोंटा पकड़कर देहरी के बाहर फेंक देती।

हालाँकि बिना बछिया हुए अम्मा इस बात को खोलना नहीं चाहती थीं, लेकिन गाँव के आपसी रिश्तों के चलते यह संभव नहीं हो पाया। कटे हुए ठूँठों की जड़ों में पानी पड़ते ही कोंपलें तेजी से फूटने लगीं। बालकिशन का संसार सरसों की तरह फूला, तो शीलो अलसी की तरह आँखें झपका-झपकाकर बातें करने लगी। सेज पर सो आई गोरी की देह महमहा उठती है। शीलो हफ्ते-दो हफ्ते में ही गजगजा उठी।

अम्मा की आँखें घर का मौसम देखकर हरी-भरी हो उठीं।

हालाँकि अम्मा ने सारी सावधानियाँ बरतीं, वक्त का मिजाज पहचानकर

सबसे पहले पौर में जमने वाली बूढ़ी सखियों का जामबाड़ा उखाड़ फेंका। खुद ही अड़ोस-पड़ोस में जाकर बैठने लगीं।

...लेकिन बूढ़ी क्या कभी जवान नहीं रहीं ? या उन्होंने ऐसे रसरंग नहीं रचे। बाल सफेद हो गए, तब क्या भूल गईं वे बातें ? उड़ती चिड़िया पहचान लें पड़ोसिन काकी। सबसे पहले तो यही गौर किया कि सुमेर भइया के दिए थपेड़ों से मुरझाई अम्मा के चेहरे की पुरानी लकीरों में नया खून झलमलाने लगा है। बहू की बाबत जिक्र चलते ही बात बदलने वाली अम्मा खुद चलातीं बहुओं से ताल्लुक रखने वाली चर्चा।

इसके बाद शीलो, जो काकी और सत्ते की अम्मा को देखते ही घूँघट की आड़ देकर अलग हट जाती थी, अब दौड़-दौड़कर चरण स्पर्श करती है दोनों का।

सबसे ऊपर बालकिशन। बछिया नहीं हुई, तो क्या; ब्याह नहीं रचा गया, तो न सही, नित रोज बन्ना बना डोलता है। दोपहर में खेत पर नहीं जाता। द्वार दरवाजे नहीं बैठता। बिलकुल नई दुलही का चेरा ! सब कुछ भाँप गईं बूढ़ी डुकरियाँ।

विमली जिज्जी ने कहा, हमने देखे दोनों...सरजू बोली, अब कौन पूछता है दीवान-दरोगा को, खेत वाला रसिया ही मन बस गया।

ताज्जुब ! अचंभा ! बालकिशन मान गया इन औरतों को, बेतार का तार जोड़े रहती हैं घर-घर से। यह जादुई करिश्मा औरतों की खासियत है।

नहीं जी, शीलो का ही दोष है, उसी ने पूछा था सरजू से—जिज्जी, जल्दी बच्चा न हो, उसके लिए क्या इंतजाम...इतनी बात काफी नहीं है क्या ?

पुरानी बूढ़ी मजलिस उखाड़ना, मजाक नहीं है। पड़ोसन काकी ने पूरी तरह छानबीन करके अम्मा को रगड़ दिया। बात कायदे के हवाले कर दी—

"मैं तो कायदे की बात करती हूँ, सरसुती। सत्ते की अम्मा की तरह नहीं कि मुँह-सोहिली उड़ाऊँ। काय री, इनकी बछिया कब होगी ?"

अम्मा जैसे आसमान से गिरी हों।

"काये की बछिया ? अभी है ही क्या ?"

"देख, तेरे ही भले की बात है। चार जनों के आगे बछिया करके ऐलान कर दे। किसी यार के संग भागी है, सो छिपा रही है तू ? कल के दिन पेट गोद होते फिरें।"

अम्मा चुप।

चुप्पी से बात सध जाती, तो आदमी आजाद होकर कुछ भी करता। चुप रहता, बस।

दूसरे तीसरे चौथे यह कहो कि रोज-रोज...एक ही बात। बछिया वाली बात।

अम्मा का वश नहीं चल रहा था शीलो पर, तब क्या अम्मा ने चाहना बंद कर दिया कि बछिया न हो। वे मुँह क्यों छिपाएँ किसी से ? डंके की चोट बता सकती है।

हारकर अम्मा ने एक दिन कह ही दिया, "बछिया की बछिया वाले जाने सुमिरन की अम्मा।"

"लै, यह खूब कही ! तू बूढ़ी किस मर्ज की दवा है ?"

अम्मा क्या कहें ?

"संग सोने का चस्का है, बछिया की ना-नुकर काये ?"

"सुमिरन की अम्मा, हम तो लो ऐन बिरादरी के सामने खुलासा कर सकते हैं कि कल के दिन हमारी बहू को कोई छिनार न कहे। बड़ी मरजाद वाली निकली मेरी सीलो। नौकरीपेशा आदमी के ठौर बालकिसन को अपना लिया। उसके पास क्या है—हल-बैल। और सोई है मेरा पूत सतजुगी। पाँच बरस बड़ी भाभी सिर माथे ले ली।"

अम्मा का आनंद। सत्ते की अम्मा और पड़ोसन काकी मुँह खोले देखती रह गईं।

"तू कहाँ तक मुँह बंद करेगी किसी का ? सीता माता कौन मान लेगा ? लखन लला तो संग पौढ़ते है।"

उस दिन बात खतम हो गई हो, ऐसा नहीं हुआ। अम्मा बिलबिलाती-सी भीतर आईं। पानी पीने कि पड़ोसन काकी के लिए तीर को खींचने ? बुदबुदाने लगीं, "इन्हें अपनी अछिया-बछिया सूझ रही है। यहाँ बहू दम दे देती, तो फाँसी होती सुमेर को। जेल काट रहे होते मैं और बालू। बखत बुरा पड़ रहा है, बिमली के जेठ-जिठानी की नहीं सुनी ? बहू के चलते ही हवालात...रुपइया चूरन हो रहे हैं।"

बालकिशन सामने पड़ गया। अम्मा बेबस-सी मुस्कराई। वह प्रसंग बदलकर बोला, "अम्मा, तुम अपनी पौर में ही बैठा करो, दूसरों के घर क्यों

जाती हो, यहाँ सूना लगता है। तुम्हारी बहू भी यही कह रही थी।"

अम्मा अपनी तकलीफ को छिपाने में माहिर हैं, खिल्ल से हँस पड़ी।

"बालू, अम्मा बूढ़ी बाधा ! तुम्हारी आजादी में बिघन। देखी हैं ये सखी-सहेली, खाँसी-धसका, खैनी-तमाकू तो छोड़ो, हमारी खाल उधेड़ ले जाएँ।"

बालकिशन को भीतर तक छेद गई यह बात। अम्मा का इशारा समझ गया। पतंग की तरह उड़ता हुआ मन लड़खड़ाने लगा। शीलो भी एक ही...बछिया कराने में क्या जाता है उसका ? अम्मा किस-किस को जवाब देंगी ? एक दिन जाति में से डाल दिए जाएँगे। ब्याह-शादियों की पंगत के लिए बुलावे नहीं आएँगे। काज-प्रयोजन में कोई बैठने न देगा। ये सब बातें जानती है शीलो, फिर भी मौन है। अम्मा ने क्या बिगाड़ा है इसका ? उनसे किस बात का बदला ले रही है ?

बालकिशन ने शीलो से तो कुछ नहीं कहा, एक अलग ही पैंतरा बदला। वह चिरगाँव जाता, जेब खोलकर खैनी-तंबाकू ले आता। सत्ते की अम्मा की धोती सदा गंधाती रहती है, बालकिशन घिन मानता था। पड़ोसन काकी के अगले दो दाँत उखड़े हुए हैं, जीभ साँपिन की तरह दिखाई देती रहती है, जी पनिया जाता...लेकिन इन दिनों एकदम बदल गया है वह। सत्ते की अम्मा के लिए साबुन की बट्टी ले आया। काकी के लिए मुँह साफ करने वाला शरबत, ताकि बचे-खुचे दाँत न छीजें।

कहने को दोनों बूढ़ियों की जिह्वा से रस बरसता है—शीलो के जस का रस। सराबोर बालकिशन देखता है—धन्य-धन्य माँ की सखियाँ। शीलो की बछिया न कराने की बात की ढका-मूँदी करने पर लगा है, जबकि जानता है, वह पार नहीं उतर पाएगा।

एक-एक दिन गुजर रहा है, न जाने किस दिन गाँव में हंगामा हो जाए ?

अभी तो पड़ोसन काकी बालकिशन का जमकर गुणगान करती है। जब कभी तारीफों का रुख अपने सुमिरन की ओर मोड़ देती हैं—माँ का मन ठहरा।

"मेरा सुमिरन गऊ है, बालकिसन की अम्मा। बहू की जीभ हलकी है, सो बनी रहे। कौन सुनता है छिनार की।"

साबुन की बट्टी से धुली जगमग धोती पहनकर आई सत्ते की अम्मा

बालकिशन की बराबरी पर किसी को नहीं बैठने देंगी, झकझकाती बात धर दी निकालकर, "कोई कितना ही सरवन कुमार बने, बालकिसन को नहीं पा सकता। भइया की मैली पाग अपने सिर धरी है।"

सत्ते की अम्मा बात तौलकर बोलती हैं, नहीं तो अपने बेटे की बात सुना देतीं अब तक। अब तक जब भी किसी माता ने अपने पुत्र का पराक्रम बताया है, सत्ते की अम्मा सत्ते की महाकथा सुनाए बिना नहीं रहीं, "रात की गाड़ी से आया था सत्ते, सूरज चढ़े तक सोता रहा। बहू का मन चंचल, सो टोनिया दिया आते-जाते। तो देख लो कि मोंड़ा ने आँखें पीछे खोलीं, झन्नाटेदार झापड़ रसीद दिए पहले ही। यह कहो कि गाल हाड़-मांस का था, नहीं तो थाली बेला की तरह झनझनाता कि पूरा टोला भर सुनता।"

अम्मा जान-बूझकर चुप रहती हैं इन दिनों, नहीं तो यह उनके स्वभाव में नहीं कि माँ होते हुए वे बिराने बेटे की शूरता वीरता पचा जाएँ। पहले की तरह कह डालतीं, "सत्ते की अम्मा ! बुरा लगे, तो मेरे मुँह पर कहना, बहू से मारपीट...हाय ! बताओ तो, कहाँ का न्याय है ? चार-छः महीना पीछे तुम नौकरी से आओ, जनी मिलने का मोह करे और तुम रुतबा बताओ। मैं तो कुत्ता की जात मानती हूँ ऐसे मर्द को।"

सत्ते की अम्मा इस समय निडर है, क्योंकि अम्मा डरने लगी हैं।

शीलो की सेवा में कमी नहीं। तेल-भरी कटोरी लेकर बूढ़ियों की मजलिस में जा पहुँची। महीन और रसपगी बोली, "अब तो उठो, अम्मा जी। रात-भर कल्हारोगी फिर। मालिस करा लो पहले।"

अम्मा उठने के बजाय माथा ऊँचा करके सखियों की ओर देखने लगीं।

"ये दर्दहरन तेल ले आए हैं।"

"दर्दहरन तेल ?" काकी और सत्ते की अम्मा के मुँह से अनायास ही निकला। क्षण-भर में दोनों के चेहरों पर ऐसी टीसें पुत गईं, ज्यों गोड़ों में तीखा दर्द हो रहा हो। वृद्धाओं की कमजोर नस, शीलो ने मौका नहीं खोया। नरम और महीन आवाज में बोली, "काकी, अम्मा जी के गोड़ तो रात में आधी रात बीते तक दबा दूँगी, तुम्हारे चरन कहाँ..."

वह काकी का गोड़ मलने लगी। सत्ते की अम्मा ने ऐसा मुँह बनाया,

जैसे काकी ने बाजी मार ली हो, उन्हें धकेल कर।

काकी आशीषों की टोकरी भरे डोलती हैं, दिल खोलकर बरसा दीं शीलो पर, "हाय मोरी पुतरिया, खाने अघाने रहो, सुहाग बना रहे। बेटा हो।"

सत्ते की अम्मा की आँखों की चमक कतई बुझ चुकी थी तब तक। मीठी बोली को ही खम देती हुई पूछ बैठी, "कौन से का सुहाग काकी ! सुमेर का या बाल..."

काकी क्या बोले। सवाल ऐसा टेढ़ा...फिर भी कहा, "बालकिसन का, और किसका ?"

"आय हाय, पूरी न पपरिया; अछिया, न बछिया।"

शीलो देखती रह गई।

अखेल बछिया के नए-नए सींग। कटोरी पर हथेली धरे शीलो न जाने कितना कड़आ-मीठा सोचती रही, फिर सत्ते की अम्मा से मुखातिब हुई सँभलकर, "ऐं काकी जी, पुलिसिया बेटा की बछिया की पाँत खा ली ? पूछा नहीं कि बरकट्टो (बाल कटी) ब्याही है या रखैल ? बेटों के चलते रसम-रीत भूलकर बहुओं की पीठों के लिए कोड़े लिए फिरती हो तुम बूढ़ी जनी।"

शीलो फनफनाकर तीनों बूढ़ियों को पछाड़ रही है या अपने चलते बेमतलब ही रिवाजों को उखाड़ रही है ? बहरहाल, सत्ते की अम्मा होंठ बिदोर कर रह गईं और ऐसे देखा, जैसे कह रही हों कि अपनी जिंदगी की डोर तेरे हाथ में नहीं है नादान।

जुबान कसते-कसते भी मुँह से निकल गया, "रखैल तो तू कहाएगी। जात में से गिरेगा बालकिसन। हमें क्या ? बाल-बच्चों के दो-दो बाप या एक भी नहीं।"

शीलो चिकनाई की कटोरी पनारे पर लोंड़ आई और कोठे में जा बैठी। दीवारों को सुनाकर बोली, "अपनी जिंदगानी बचाएँ या अगली से अगली पीढ़ी की सोचें ? बाल-बच्चा भी निकाल लेंगे गैल।"

अम्मा लगभग रोती हुई आई थीं साँझ की वेला।

बात-सी बात ?

सुमिरन बहू को पीट रहा था। अम्मा गली से जा रही थीं, बहू मिमियाती

बकरी-सी छूटकर भागी पति के हाथों से और अम्मा से लिपट गई—बचा लो काकी।

वहू को बाँहों में भर लिया अम्मा ने। कुछ कहा नहीं, कुछ सुना नहीं।

सुमिरन दोनों हाँथ भाँजता आ गया गली में, अम्मा को ऐसे देखा, ज्यों चबा जाएगा। उमर में बड़ी अम्मा से कहे क्या ? बस, इतना बोला, "हमारे बीच में न पड़ो, काकी।"

"अरे जा, बीच में न पड़ने देने वाला।"

"देखो काकी, तुम्हें बुरा लग जाएगा फिर।"

"लला, मेरे सामने पैदा हुए तुम ऐसी क्या सेल घालोगे, सो बुरा।"

"मैं कहता हूँ। छोड़ दो इस रंडी को।"

"चल छिनट्टा।"

सुमिरन का गुस्सा फुँफकारते नाग जैसा। अम्मा की बाँहों से बहू को खींच लिया, "चल साली।"

अम्मा खिसियानी-सी रह गईं। कल के लड़के ने उनका कायदा न माना। बड़े और होते किसलिए हैं ? जवानी के जोश में लड़के तो कतल कर दें बहू का। बड़े-बूढ़े ही धीर-धोप (शांत) करते हैं। अम्मा कुछ कहे बिना रह नहीं पा रही थीं, अपमान से बिलबिला उठीं।

"सुमिरन, आज तो तुम हो लला। बालकिसन होता, तो समझ लो कि..."

"काकी, तुम्हारे घर बहू-बेटे होते, तो...यह कहो कि रंडी-भड़ुआ रहते हैं।"

"क्या कहा ?" दनकार उठी थीं अम्मा।

गली में भीड़ जुट गई। टूटते से गोड़ों से खिचड़ती हुई घर आईं वे। बालकिशन पर ओलों की-सी बौछार कर दी, "मैंने अपने लिए ही सूली तैयार करी है रे। छिनार बहू ने कहीं का न छोड़ा। बिरादरी सजा सुनाएगी, इसे डर नहीं ? तू भोगेगा, सो ख्याल नहीं ? बचेगी सीलो भी नहीं, बाल-बच्चा बेनाम, बेबाप के।"

शीलो सब कुछ सुन रही है, लेकिन पिये जा रही है हर ऊँच-नीच को।

बालकिशन ने प्रतिज्ञा की, आज शीलो को समझा देगा सब कुछ। जो विपदा आने वाली है, खुलासा कर देगा। अम्मा को बाँह के सहारे दालान

में ले आया। पूरा भरोसा दिया—मना लूँगा मैं।

'पंचायत !'

शीलो पंचायत में जाने के लिए बालकिशन का कुर्ता पछीटती हुई। मरी-मरी बाँहों का उठना-गिरना...औचक-सा देखता रह गया। रण के लिए सजा रही है। मन-ही-मन मुस्करा पड़ा। शीलो की ऐसी ही बातों पर लड़खड़ा जाता है। रात के समय सीढ़ियाँ चढ़ना...वह गिरते-गिरते बचा। बिना दारू पिये ही होश खोया-सा...

लालटेन की उजली रोशनी किए बैठी है। बालकिशन की सेवा में तत्पर। क्या कहे, क्या न कहे ? प्यार में डूबी स्त्री। विश्वास और भरोसा थामे हुए। पलिका पर राजा की तरह बिठाया है उसे। शीलो पर किसी तरह का जुल्म ढा सकता है ? खुद बोली उसके पास आकर, कंधा सहलाती हुई, "तुम क्यों सूखे जा रहे हो ? अम्मा जी बछिया वाली बात भूल जाएँगी। यह हमारा जिम्मा है।"

वह देखता रह गया। सारा दोष खुद ले लेने वाली शीलो को कृतज्ञ नजरों से निहारता हुआ। सदा ऐसा ही कुछ कर डालती हैं। यह भी तो मन लुभा लेने वाली अदा है। बालकिशन ने उसका अपरूप मन देख लिया है। कुर्बान न हो, तो क्या करे ?

तभी तो लोग चकित रह गए। औरत की इतनी हिम्मत !

पंचायत में बैरी, मेल प्रीति वाले, अपने-पराए सभी थे। रघु का चबूतरा भरा था—खचाखच। बिरादरी से ज्यादा तमाशगीरों की संख्या।

अपराधी की तरह ले जाया गया था बालकिशन, उसने एक नजर पीछे मुड़कर देखा, शीलो की छोटी-छोटी आँखों से उसकी आँखों तक आती हुई अनकही चमक-भरी हिम्मत !

अभी तक सोचता था—कह देगा—बछिया करने को तैयार हैं हम, उसकी नजरों से रोशनी पाते ही मन बदल गया। हम माने शीलो भी।

शीलो की छवि साकार है उसकी आँखों में—कोठे में बैठी हुई, धरती पर लकीरें काढ़ रही थी। पंचायत का बुलावा आ रहा था बार-बार। अम्मा से कहा गया—शीलो भी आ जाए। अपना बयान दे पंचों के सामने (किसी

के द्वारा दिलवाए)।

अम्मा का खोखला होता जा रहा शरीर थरथरा गया था। पीठ में लगा झुर्रीदार पेट साँसों से हलकान था, फिर भी ठोड़ी उठाकर बोलीं अम्मा, "पंचों की फूट गई हैं, आड़-परदा वाली बहू-बेटी हलफ बयान करेगी ? अरे, जो पूछना है, हमसे पूछें, बछिया की पाँत का खर्च तो हमें उठाना है। इसमें सीलो का क्या दखल ?"

अम्मा भी जान रही थीं कि बछिया के मामले में उनका दखल रत्ती भर नहीं छोड़ा शीलो ने। उसने कमान अपने हाथ में साध ली है और अम्मा साध रही हैं अपनी झूठी-सच्ची मान-मर्यादा।

शीलो नहीं आई। अम्मा चाहतीं, फिर भी नहीं आने वाली थी, इतना तो समझ चुका है।

बालकिशन ने हौंसला जुटाया। अपने नर-रूप को ललकारा। हरदौल की याद आई। ओरछा धाम जाने की लालसा बारह साल की उम्र से की है बालकिशन ने। ओरछा महाराज के छोटे भाई हरदौल उसके मनबसिया देव रहे हैं। प्रेम के पुजारी। सच्ची लीला करने वाले। महाराज की पटरानी मतलब कि अपनी भाभी से प्रीति हो गई थी उन्हें। निश्छल निष्कलंक लगाव। कलजुग की घड़ी, लगाव माने मैली आँख से देखना। स्त्री-पुरुष में प्रेम का मतलब एक ही निकालता है संसार। हरदौल कहाँ जानते थे यह बात, भोले भंडारी।

हरदौल और रानी के चर्चे हर जुबान पर, नगर में शोर मच गया। राज में हलचल हुई। राम राजा को मंदिर में पधराने वाली रानी ने लक्ष्मण को कीचड़ में खींच लिया ! थू है धिक्कार। रानी माँ जार-जार रोतीं।

राजा न्यायकारी होता है, प्रजा के कहे को गलत कैसे माने ? रामचंद्र जी ने तो खुद सीता को बनवास दे दिया था। महाराज ने रानी को बेतवा की सौगंध देकर कोंडुआ (घेरा) काढ़कर खड़ा कर लिया और बज्जुर की छाती करके पूछा, "रानी हरदौल से नाजायज रिश्ता नहीं है, तो उसको अपने हाथों जहर पिला सकती हो ?"

रानी ने ऐसे देखा, जैसे महाराज का मगज चल गया हो। क्या जवाब दें इस बात का ?

राजा की बात कुत्ता की लात नहीं होती, पत्थर की लकीर मानी जाती

है। एक बार से दूसरी बार बोलता भी नहीं है राजा। हुकुम माने, जो कुछ राजा ने कह दिया। सोच-विचार उसका काम नहीं, सोच-विचार प्रजा का भी काम नहीं। हुकुम की तामील की जाती है, बस।

रानी रोने लगी। उनके आँसुओं से मोती नहीं, पानी की धारें बहीं।

राजा का शक पक्का होता गया। रोना प्रेम का लक्षण है। प्रेम में आदमी कमजोर हो जाता है। 'जहर', यह शब्द महल में, कंगूरों में, बुर्जियों में, किले में, तोपखाने में, रनिवास में गूँज रहा था...जहर...जहर...जहर...

हरदौल भाभी के पास आए। उनकी उदासी का कारण पूछा।

बात पता लगी, तो हँस दिए हरदौल, "बस, इतनी सी बात। लाओ, जहर-भरा कटोरा...अभी, इसी समय..."

बालकिशन के दिल में तोप दागी किसी ने...हरदौल भाभी को निष्पाप साबित करने के लिए कुर्बान हो गए। छोड़ दिया चोला।

तोप ! उसका कलेजा छलनी नहीं हुआ, जिगर बँध गया। उल्टा। शीलो के लिए बिरादरी से अलग हो जाएगा वह। कौन सी बड़ी बात है ? आज तक शीलो की चाहत पूरी नहीं हुई। भइया कुचलते रहे उसकी इच्छा, हक और जिंदगी। बालकिशन उसका मनचाहा करेगा। क्योंकि वह भइया के तेवरों वाला नहीं है। अम्मा कुछ भी कहें, रघु के पिता जी कितना ही समझाएँ। हर सजा भुगतने के लिए तैयार है।

शीलो की थू-थू। बालकिशन बेचारा बर्बाद कर डाला इस औरत ने। रखैल से बदतर...रंडी। रद्द की हुई औरत अब बिरादरी से रद्द। चुड़ैल राक्षसी बदकार...कमाल है, शीलो को परवाह नहीं। 'निंदा' का अर्थ क्या है ? उसने सोचना छोड़ दिया है, क्योंकि शाबाशियों ने उसकी जिंदगी तबाह कर दी। फब्ती और गालियाँ ही असलियत से मुठभेड़ करती हुई धूल झाड़कर उठती थी बार-बार...मौत से भी कठोर सजा है, जो बालकिशन ने महसूस की—अपमान ही अपमान...अवज्ञा ही अवज्ञा...मैतर बसोर चमारों को अब तक कैसा लगता रहा होगा, बालकिशन ने कुछ ही दिनों में जान लिया। शीलो पर अब तक क्या गुजरी होगी, अपने ऊपर बीती, तो मालूम हुआ अच्छी तरह से।

छोड़ दे बिरादरी, त्याग दें पूरा पड़ोसी। खारिज कर दें गाँव।

अनंत माया है प्रेम की।

कई बार सोचा, यहाँ रहें या न रहें ? लोग नीची निगाह से देखकर उन्हें गिरी चीज समझते हैं। शीलो न जाने किस धुन में दीवानी-सी...गाँव-समाज-जाति कितनी बड़ी चीज है, शीलो ने इस बात को समझा नहीं या जान-बूझकर महत्त्व नहीं दिया ? बछिया करने में क्या जाता था उसका ? बालकिशन पर विश्वास नहीं ? उसे किसी मर्द पर भरोसा नहीं...?

फिर भी शीलो सबेरे ही उठती है, सबसे पहले बालकिशन के गाल पर प्यार करती है, तहेदिल से प्यार ! उसको अपनी बाँहों में लेकर...

दूसरे पहर अपने हाथों से बना-पकाकर थाली परोसकर लाती है। जो भी परोसा होता है, बालकिशन के लिए छप्पनभोग, प्यार का स्वाद अलग ही होता है। वह पुख्ता होता जा रहा है।

नई ब्याही बहू नहीं, नया ब्याहा बालकिशन गाँव-गली की दिल दुखाने वाली बातें भूल जाता है। कब ? शीलो के माथे पर चमकीला बूँदा (बिंदी) देखकर। कुछ नहीं चाहिए उसे, शीलो के रूप का रस पीकर लंबी उम्र जी सकता है।

वाह रे चंपादास, क्या फाग सुनाई थी, अक्षर-अक्षर सच्ची हुई—

'बूँदा मन कौ हरन तुमारौ, जी लयें लेत हमारौ।
बनौ रहत घूँघट के पाछे, करें रहत उजियारौ।।

बालकिशन की जिंदगी में उजियारा है। दिन-भर खेत जोतते समय ये ही दो लाइनें होठों से चिपकी रहीं। हल के आगे-पीछे शीलो की परछाई भागती रही। वह शीलो से कितना कुछ कहना चाहता है, हमको देखो, तुम्हें धीरज बँधाने वाला कोई नहीं, हमारा मुख हेरो। तुम्हारा दिल बाँधने वाला कोई नहीं, हमारी ओर चितओ। मन की बातें हैं ये, सभी का सभी कैसे कह सकता है कोई ? काश ! शीलो बिना कहे ही समझ लेती।

शीलो जान-बूझकर अनजान बनती है, दिनभर खेत पर इंतजार करता रहा। गाँव की ओर से हर आने वाली औरत में शीलो की छवि ! वह गोते खा-खाकर उछलता, किनारे पर आते ही तस्वीर बदल जाती। अम्मा के हाथ रोटी पहुँचा दी जुलमिन ने। घर लौटा, जो मन खट्टा था। मुँह फुलाए रहा। पास आकर प्यार से बोली, "कौन सा दुख लग गया अब ?" मन की मुराद मिल गई थी बालकिशन को, दिल की लगी कहने का अवसर। ताना मारते

हुए बोला था, "तुम्हें हमारा ध्यान ही कहाँ रहता है, रानी ?"

रानी ! बालकिशन के मुँह से अनायास ही निकल गया। वैसे एक हफ्ते से कोशिश कर रहा था किसी बात में 'रानी' लगाकर बोलने की, मगर ये प्यार की बातें ठेले-ठेले नहीं ठिलतीं, निकलती हैं, तो रंगीन चिरैया की तरह फुर्र।

"क्या करती वहाँ आकर ? बखर तो तुम्हें ही हाँकना है।"

चल ! दिल की बात नहीं समझती। बखर हाँकेंगे बखर के समय...

सिर की सौगंध देकर गया था—मेरी रोटी लेकर तुम आओगी, नहीं तो अन्न को हाथ नहीं लगाऊँगा।

उस दिन का आनंद ! लाज करना जानती है शीलो। जवान होती अल्हड़ लड़की-सी शरमा गई थी। देह में मस्ती जाग उठती है आज भी, पीपल के पेड़ तले बैठकर एक बेला में से दही खाया था। अपने हाथों से एक-दूसरे को खिलाया था—खेतों का सूनापन, कौन देखता है यहाँ ! आजाद थे तन-मन से। उस दिलफरेब घड़ी में गाँव की रीति, आड़ मर्यादा उतारकर परे फेंक दी थी दोनों ने।

अगर अम्मा बूढ़ी और बेजान परंपराओं को पोसने में न लगी होती, तो मजाल है—कोई चूँ भी बोलता ? बिरादरी से अलग करा कर भी लोगों को चैन नहीं। लोग नहीं लुगाई। शीलो कहती है—सत्ते की अम्मा की दोनों आँखें फूटें, घर में आग लगा गईं। अपनी बुरी नजर से कील रही हैं शीलो की हँसी-खुशी को। मिठबोलनी सत्ते की अम्मा चाशनी मिलाकर कड़वी बातें परोसती हैं। अम्मा की सबसे ज्यादा सगी और शुभचिंतक की तरह हाय-हाय करने लगी, "बालकिशन की अम्मा ! तुम तेरी मेरी देहरी बैठती-फिरती हो। जुंगी-जुंगा तो खेत मेंड़ तक नहीं चूक रहे। बेहया इतना तो सोच लेते कि यहाँ होकर अगजग चलता है। कोई लाजदार अपनी ही आँखें मूँदकर भले निकल जाए, उनकी जवानी के खेल...अरी, पीपरा तरे ही मिला ठौर ?"

अम्मा के चलते गजब बात ! हठीली ने वैसे ही कहीं का नहीं छोड़ा, ऊपर से यह रंडीपन। जिस लाज-लिहाज को लेकर शीलो को शीलवती मनवाना चाहती थी अम्मा, उसी को पलट डाला नादान ने।

अम्मा शायद अपने फैसले पर पहली बार पछताई थीं, लेकिन यह बात जाहिर नहीं होने दी। इशारे से ही समझाना चाहती थी बहू को, "बेटी, तू नाम की ही सील नहीं, बात-व्यौहार में भी सील।"

लेकिन अपने स्वभाव के विपरीत शीलो ने इस बात को बात नहीं, अम्मा का चाबुक माना। क्यों न माने, उसे बुलाया किसने था, शपथ किसने धराई थी ? बूढ़ी सास पहले यह तो पूछ लेती।

बालकिशन कुछ देर पौर में दुबका रहा।

शीलो की जुबान जरूर ढीली थी, लेकिन वह लड़ नहीं रही थी, "अम्मा जी, सत्ते की महतारी साँची हो गई और हम झूठे बेलाज। डाह के चलते क्या-क्या बातें बनाई हैं ! वे तो चाहती है—मैं सत्ते की बहू की तरह खसम के मूड़ में ईंट मारूँ। वे हमारा प्यार-पिरीत देख सकेंगी भला ? अपनी बुद्धि पर जोर तो देतीं, पीपरा तले रास रचाएँगे, सो क्या हमारे घर नहीं है या खटिया नहीं है ? बोलो तो !"

शीलो के ऊपर से अम्मा का काबू ढीला होता जा रहा है, यह बात समझ रही हैं वे। बहू बात पर लीपापोती कर रही है, यही मान रही हैं, तभी तो बहू को छोड़ बालकिशन को चार-पाँच कड़वी गालियाँ दीं, जीभ खोलकर।

वह सनाका खा गया—अब कितना कुछ छिपा पाएगा शीलो से ? फिर भी मन समझाने लगा—अब तक क्या कम दुत्कारें सही हैं शीलो ने ? आज वह उसके हिस्से में आ गई, तो बात छिपाकर उसे तकलीफ न देने की सोच रहा है। असल में तो सौ भद्दी गालियाँ भी शीलो का कुछ नहीं बिगाड़ सकतीं। और फिर यह बात तो समझाने में अचूक रामबाण है कि माँ की डाँट-सुनने का भाग्य कितनों का होता है ?

शीलो रुआँसी खड़ी है कोठे पर।

बालकिशन ने बाँहों का पाश आगे बढ़ाया, समझाने-बहलाने का ढंग एकदम प्यार-भरा—होंठ आगे बढ़ाए, शीलो के साँवले भरे-भरे गाल की ओर...निर्मोहिन ने बुरी तरह झटक दिया। झटके के लिए तैयार नहीं था, गिरते-गिरते बचा।

रात-भर नहीं बोली, बालकिशन करवटें बदलता रहा। हौले से छूने का भी हौसला नहीं जुटा। बेरहम बेचैनी...

वह सबेरे उठा, तो आँखें दुख रही थीं। अम्मा कितना कुछ भाँप लेती हैं, तुरत लोटे में कुनकुना पानी ले आईं। पता नहीं क्यों, अम्मा का दिया पानी कुनकुना नहीं, तपता हुआ लगा। उसने एक बार ही छींटे मारकर लोटा धर दिया।

"बालकिसन, अनमने काए हो बेटा ?"

कैसे कह दे इस निजी दुख को ? वह क्या, कोई बेटा माँ को नहीं बताना चाहता होगा।

"पिंदोला (जनानियाँ) मैदान में रास रचा रहा था ?" अम्मा को कल इतना कहकर भी सबर नहीं हुआ, जो अब भी फुसफुसा रही हैं।

शीलो कोठे में सो ही रही थी अभी, गनीमत है, नहीं तो देखकर यही समझती कि अम्मा के साथ मिलकर मैं उसके खिलाफ साजिश कर रहा हूँ।

वह यकायक उठ खड़ा हुआ। सीढ़ियाँ चढ़ गया। अम्मा देखती रह गईं।

सबेरे के मौसम की तासीर ठंडी होती है। शीलो का गुस्सा ठंडा हो आया है, तभी न बाँह बढ़ाकर भींच लिया। वह चौंक पड़ा। कंधे पर सिर टिका दिया, उसका मन चीता हुआ। छोटी बच्ची की तरह ठुनककर बोली, "अपने आदमी के संग दो घड़ी हँसना-बोलना भी पाप है ? फिर क्या खता कर दी हमने ?"

अपना आदमी ! शीलो के मुँह से...कलेजा निकाल लिया गजबिन ने। कि छाती चौड़ी होती जा रही है उसकी ? अपना आदमी ! ताकत भरती जा रही है भीतर ही भीतर। दो बोल सुनकर बालकिशन खुद को बेताज बादशाह समझकर धरती-आसमान नापना चाहता है।

शीलो को अपने कंधे से चिपकाए कितनी देर खड़ा रहा। कोई हिसाब नहीं।

अम्मा धड़ाक् से किवाड़ें खोलती हुई भीतर घुस आईं।

शीलो चौंककर छिटक गईं। वह भी सकपका गया। नशीली बूटी का नशा झप्प से तोड़ दिया अम्मा ने। वह चिढ़ उठा। ऐसी चिनचिनी उसे पहली बार लगी है—बुढ़िया क्या जाने, शीलो की देह का परस कैसा जादू भरा है !

बालकिशन अनेक कलाएँ सीख रहा है—दिन भर के काम सपाटे से निबटाना, हल बैलों वाला काम तो अलग, घर का पानी भरना, ईंधन लाना, चौके में मदद कराना। अम्मा कहती रहें कि तू पिंदोला है। गाँव की औरतें उड़ाती रहें कि बालू शीलो के उन्ना कपड़ा फींचता है, पेटीकोट धोता है। विमली जिज्जी की कौन परवाह करता है। कहती है—बालकिसन शीलो के पाँव दबा रहा था छत पर।

भाग-तीन

पिछली बातें पिछले समय के संग, बालकिशन आज की बात सोचता है, अम्मा आज भी पुरानी अदावत चलाए जा रही हैं। बीमारी के बाद उठा है बालकिशन—पूरे दस दिन खटिया पर पड़ा रहा। शीलो ने दिन-रात एक कर दिए। हाँ, देवी-जागरण में शामिल नहीं हो पाया, दुख रह गया इस बात का, लेकिन शीलो ! साक्षात् देवी के दर्शन कर लिए।

आज शीलो ने नहाने के बाद कहा, ''अब तो जी चैन में है। लो, अच्छे उन्ना कपड़ा पहन लो। न हो, तो बाजार कर आते। जी भी बहल जाएगा।''

''क्यों, कुछ चाहिए ?''

''नहीं, कुछ नहीं।''

''फिर भी ?''

''तुम्हारे लिए ही सोच रही थी कई दिन से, पर तुम बीमार थे। असल में किसानी बाने में तुम अच्छे नहीं लगते।''

''बुरा लगता हूँ। हाँ, सुमेर भइया के मुकाबले।'' बालकिशन के आगे सुमेर भइया का भूत खड़ा रहता है, जो डराता रहता है हर मुहाने पर। उनका तगड़ा शरीर, ऊँचा कद, रोबीला चेहरा। बालकिशन उनका पासंग भी नहीं। कमजोर-सा, नाटा लड़कानुमा आदमी। मूँछें बिर्री-सी। बकरे जैसी दाढ़ी—इक्का-दुक्का बाल। हाँ, रंग जरूर गोरा है।

''बुरे की बात नहीं। मैं तो यह कहती हूँ कि हल हाँकते हो, इसका मतलब यह तो नहीं कि बूढ़े हो गए। धोती-कुर्ता ही पहनोगे। रघु के पिता जी को देख लो, नाती-नतूलों के हो गए, शिब्बू की बेलबॉटम पैंट कसे रहते हैं। चिरगाँव से कमीज-पैंट काहे नहीं सिलवा लाते। और देखो, मूँड पर उस्तरा फिरवाने की जरूरत नहीं। हमें नहीं सुहाती घुटी गुड़ी। तिरछी गाँग काढ़कर जुल्फें...'' तिरछा होंठ करके मुस्काई शीलो।

वह उजबक-सा देखता रह गया।

अम्मा क्या कहेंगी ? छैलई सूझ रही है। धूल-मिट्टी का काम करने वाला

अंग्रेजी पोशाक कैसे सँभालेगा ? टाई लगाने की कहेगी शीलो कल के दिन। अम्मा सूँघ जाएँगी कि लुगाई सिखा रही है।

"न हो, तो मैं चलूँ संग ? नीला रंग सोहता है तुम्हारे ऊपर। रघु की कमीज पहनकर कैसे दिपे थे ! अच्छी-खासी सूरत की धजा बनाने से फायदा ?"

घर से निकाल देंगी अम्मा।

"बालूऽऽऊ..." ठीक उसी समय गला खोलकर पुकारा अम्मा ने।

"क्या है ?" तुरत जवाब दिया उसने।

"कब जा रहा है रे बाजार ?"

"हैंऽ, हैंऽ, कहीं नहीं," हकला गया बालकिशन।

"तो मेरे कान बजते हैं बेटा ?"

उसकी एड़ियों में चींटियाँ रेंगने लगीं। झूठ बोलकर छोटा-सा मुँह हो गया।

...लेकिन शीलो का लंबोतरा चेहरा ! सिटपिटा गया एकदम से। समझ रहा है कि अम्मा खफा हो सकती हैं, पर शीलो की चिंता लगी है उसे। अम्मा के सवाल दिल में चुभन जरूर पैदा कर रहे हैं, मगर शीलो की उदासी बेचैनी जगा रही है, ज्यों दुनिया लुटने वाली हो। खता कहाँ हुई ?

एकांत पाते ही शीलो झपट पड़ी, "मतारी के खौफ के मारे आधे हो गए ? मेरे संग बाजार जाने में लाज लग रही है या तौहीन हो रही है ? यह नई बात है क्या ? अम्मा जी भी तो ले गई थीं अपने संग।"

कैसे समझाए कि तब बात और थी। कसाई की गाय पर राह चलता आदमी तरस खाता है। यह बात बालकिशन ने मुँह से कही नहीं, खुद ही गर्दन डालकर खड़ा हो गया।

"हैंऽऽ, तुमसे तो अच्छा सुमिरन है, अपनी जनी को मारता-कूटता है, तो बेधड़क ले भी जाता है चिरगाँव झाँसी। ठेंठर देखकर आई है कल ही।"

अच्छा, तो सुमिरन की जनी की होड़ लगी है। कल तक तो वह बेशर्म, बेलाज, बेहया थी और आज...समझाया बालकिशन ने। आड़ मर्यादा जो लदी थी शीलो के ऊपर, त्यागे जाने का भय था, सो सुमिरन की बहू वाले तेवर अपनाना 'अँगूर' खट्टे कहना जैसा था। यह वही शीलो भाभी है, जिस पर रहम खाकर बालकिशन उपकार कर देता था और अपने आपको उससे चार

हाथ ऊँचा मानता था। आज बात-बात पर उसकी चिरौरी करता है, सो क्यों ? ताकतवर हो गई शीलो ? पर कहाँ से आई ताकत ?

चंपादास बैद की दुकान पर बचपन से बैठता रहा है, युक्ति सूझ जाती हैं कभी-कभी। आख्यान सुनाते समय बालकिशन बैद जी की मुद्रा ओढ़ लेता है। आज गंभीर चेहरा ही काम आएगा। प्रभावी अदा से बोला, "शीलो, सुमिरन की जनी, सत्ते की स्त्री, ये सब मामूली औरतें हैं। तुम्हारे पासंग भर भी नहीं, इनकी तरह चिरगाँव झाँसी में फिरकर अपने-आप को छोटी मत करो। तुम्हारे जैसा हौसला वे सात जनम धरकर भी नहीं जुटा सकतीं। बिरादरी को धत्ता बताने वाली औरत !"

शीलो नादान-सी देखती रह गई ज्यों बालकिशन कई बरस बड़ा हो उससे। आज सिद्ध कर दिया कि औरत भले उम्र में बड़ी हो, अक्ल में छोटी और टुच्ची होती है, आगे यह भी सोचा, अम्मा भी कौन सी बड़ी चीज हैं ? हैं तो औरत ही, समझाकर शांत कर देगा।

बुजुर्गों की तरह उठा बालकिशन।

शीलो हँसी। हँसी दिलफरेब ! निछावर हो गया मन-ही-मन। चूम लेना चाहता था, लेकिन कसा खुद को—समय की धार देखो।

इस दौरान कई भ्रम टूट गए—शीलो दिल की कठोर नहीं, बादाम की गिरी-सी नरम है। जिद्दिन नहीं, भोली बच्ची के समान है। तन-मन से कोमल।

शीलो ने बाँहों के घेरे में नहीं, लोहे के शिकंजे में कस लिया है बालकिशन को। चिरगाँव क्या, झाँसी जाकर मानी। उसे रंगरूट बनाकर ही दम लिया। मनमाना खर्च। अम्मा अच्छी तरह भाँप गईं कि उनकी बहू चरित्तर दिखा रही है।

वे बात-बात पर चिड़चिड़ाने लगीं—यह बिना जाने ही कि रात में मुस्तैदी से पुरुष-धर्म निभाने वाला आदमी गफलत में सोता है। तारों की छाँव जागकर हल-बैलों के साथ खेत पर जाने में कोताही कर सकता है। सूरज चढ़ आया, बालकिशन सोता रह गया। उसे क्या खबर कि शीलो अधनंगी अवस्था में साथ सो रही है ?

जागा, तो अम्मा की धरउअल गालियों से, "सनीचर आन बसा है घर

में। नास गए औंधे-चौंधे पड़े हैं। ठीक कहता था सुमिरन--तुम्हारे घर बहू-बेटा नहीं, रंडी-भड़ुआ...''

शीलो झपाटे से उठी। अम्मा की गाली-दर-गाली। बालकिशन के लिए राक्षसी संबोधन...''ओ कुंभकरन। ओ सनीचर। ओ दलिद्दिर।''

शीलो पेटीकोट बाँधने में लगी थी।

''हाय ! घर-घर बहुएँ हैं, हमारे यहाँ यह बेसा...'' अम्मा पहली बातें समझ रही हैं।

...लेकिन नाड़े में गाँठ लगाती हुई शीलो उसी दम चिल्लाई, ''घर-घर सासें भी तो हैं। बहू-बेटों के भीतरी कामों में विघन नहीं डालतीं। आग लगे, यहाँ तो बूढ़े मुँह-मुँहासे, देखो लोग तमासे।''

''सच्ची-सच्ची कह दूँगी, तो गस खा जाओगे, हाँ।''

बालकिशन ने आँखें चौड़ी करके देखा, आगे क्या कहने वाली है ? शीलो की जीभ दर्जी की मशीन की तरह खच-खच-खच...

''अरे, अब तुम्हें क्या बता दें, अनकहनी बात...कि तुम तो दरबज्जे की ओर पीठ करके ऊल रहे थे हमारे ऊपर और माताराम ठाड़ी थीं एन दरबज्जे की आड़ देकर। हाय, जी धक् से रह गया हमारा।''

बालकिशन का तिमोंछिया चिकना मुँह काँपकर रह गया।

''अब आ गए गाली देने पर ? लो, हमें तो एक-दिन नहीं, दो-चार दिन ऐसा ही लगा कि वे...''

''सत्ते की अम्मा से ऐसे ही नहीं रो रही थीं कि बालकिसन के बाप मेरा संग छोड़ गए बड़े गलत बखत पर। अभी ऐसी क्या उमर थी मेरी। मैं ? सच्ची, बालकिसन और सीलो संग-संग लोटते-बैठते हैं, तो औचक ही परकट हो पड़ते हैं मोरे घनी, जैसे वे मेरे संग...'' शीलो ने माथे पर हाथ मारा, ''लो, तुम तो हो गए अपने बाप और हममें देख रही हैं वे अपनी मूरत ! हाय, बूढ़ी तब ही मगन मन देख रही थी।''

बालकिशन को काटो, तो खून नहीं। यह क्या सुन रहा है ?

शीलो हद दर्जे की घटिया औरत, अम्मा के लिए क्या-क्या कह गई ! दो पल के लिए तूफान में फँस गया हो ज्यों, फिर फन फनाकर उठा खटिया से और शीलो की ओर बाघ की तरह लपका, फाड़ खाएगा इस पापिन औरत को।

...मगर शीलो तक चलते हुए न जाने कौन सी बात याद आ गई कि अँधेरे कोने की ओर बढ़ गया।

उल्टी शीलो बिफर रही है, "केंचुए का जनम लेना था इस आदमी को। जब देखो, तब अँधेरे में सरक जाएगा। हम पूछते हैं कि माता जी से क्यों नहीं कहते कि चोरी नहीं कर रहे थे हम। भड़ियायी पर तो तुम उतर आई हो।"

आह ! घूँघट वाली शीलो, ये तेवर अब तक कहाँ छिपा रखे थे ? बालकिशन कान डाले हुए बकरे की तरह बाहर चला आया। चलते-चलते खेतों की ओर आ गया। घर से निकल आया, तब क्या जंजाल छूट गया ? उलझा हुआ है--अम्मा भी वही हैं, शीलो भी वहीं, जो सुमेर भइया से एकजुट होकर जूझ रही थीं। मैं भी वही हूँ, जो अम्मा भाभी से अपनी इच्छा के मुताबिक व्यवहार कर पाता था। अब तो जैसे धीरे-धीरे शीलो बढ़ाती आ रही है अपना फंदा...

अपना आदमी, माने बालकिशन।

बालकिशन उसका है, शीलो का। वह ताल ठोककर कह सकती है, "इकहरे बदन का आदमी मशक्कत करे और खुराक न खाए, बीमार गिरते देर लगेगी क्या ? कैसे-कैसे खटिया से उठाकर खड़ा किया है !"

बालकिशन इस हिमायत पर रंचमात्र भी खुश नहीं हुआ, उल्टा थर्रा गया। यह औरत क्या-क्या ठान चुकी है ? जानती तो है कि अम्मा को भैंस से और भैंस के दूध से कितना लगाव है ! हँड़िया का मुआयना करे बिना उन्हें नींद नहीं आती।

बालकिशन का जवाबतलब हुआ—

"भैंस तरें चिकनाई बिला गई या दुध-सुखा बीमारी ? अद्धा में पाव सेर नेंनू नहीं। महीना भर से देख रहे हैं हम। कारस देव (दूध के देवता) की ढाँक बजी थी, लो हम भैंसिया का दूध चढ़ा आए थे। कैसे मान लें कि दूध सूख गया होगा ?"

दूध-मक्खन का हिसाब ! उसे क्या पता ? अम्मा जी...उसी की कनपटी पर बंदूक धर के निशाना लगाती हैं।

रघु का तभी आना था। हो जाता है कभी ऐसा-कोढ़ में खाज। दो किलो वाला अल्युमीनियम का डिब्बा लटकाकर आँगन में आ खड़ा हुआ। घी !

"शीलो भौजी ! लो, धरो, पूरे दो किलो है। निकालो 240 रुपइया, कम पड़े तो बता देना। हाँ, डिब्बा जरूर खाली कर देना दोपहर तक। भौजी, मन करके खिलाओ। बचे, तो मालिश करो बालकिशन की।"

शीलो मीठा-सा मुस्काई। चूल्हे की आग फूँकने के बाद बोली, "लला, तुम कहो, तो तुम्हें भी रगड़ दें..."

देवर-भाभी का मजाक था यह। बालकिशन काँप रहा है। आँखों में आँसू भर आए। इस रघुआ के सामने ही उड़ाई जाएगी चमड़ी। लपटें चूल्हे में उठीं, सो उठीं, अम्मा की आँखों में आग भड़भड़ाने लगी। शीलो और रघु को जोड़कर उसने एक भद्दी-सी गाली दी मन-ही-मन—साली, रगड़ दे रघु का...

"हाय बलुआ...नासपिटे मोल का घी !"

अम्मा ने चिंघाड़ मारी। बालकिशन का मुँह शकरकंदी-सा लटक गया।

"तो पूत, तुम रुपइयन कलेवा कर रहे हो !"

शैतान शीलो, अब देख कि क्या करती है अम्मा ?

"अरे वाह रे, लैला-मजलू। भैंस की भरी ऐनरी कौन सा देव-दैत चौंख जाता है ?"

बालकिशन का चेहरा बिगड़ गया।

"बालू, वे अरसी के रुपइया ? बनिया के आधे ही लाया था, आधे कहाँ हैं ?"

कुल्हाड़े के संग फरसा। अम्मा दोहरा वार कर रही हैं।

"ओ गुलमा (गुलाम), लुगाई के गाल देख रहा है कि जवाब देता है ?" बीच आँगन में खड़ी अम्मा आपे से बाहर हो गईं। बेभाव के हाथ फेंक रही हैं।

शीलो रोटी बना रही है। अलसी वाले रुपए अभी लाया था तेली। वे शीलो के ब्लाउज के अंदर—गड्डी के रूप में पूरे पाँच सौ। शीलो का हाथ ब्लाउज के भीतर है, रुपयों का जायजा ले रहा है।

तभी न टनाटन जवाब दिया, "अम्मा जी, इस बिनमुँह के आदमी के कान मत तानो। कोई फायदा नहीं। दूध सूखे बैरियों की भैसों का। हमारी तो पूरा चार सेर देती है। यह कहो कि बिलोती नहीं। दूध-दही का

खर्चा...घी बेचकर क्या मिलेगा ? पइसा नहीं कमाना हमें। अपने आदमी की देह बनानी है।"

बालकिशन की देह एकदम खोखली-सी हो गई है। किसी तरह खड़ा है। जाएगा, तो दोनों ओर से आफत धरी है।

"कैसी मतारी हो ? देखती नहीं बेटा की चिरौटा-सी देह ?"

आय हाय, यह क्या कह डाला ? शीलो, तेरी जीभ जले। मेरे कंधे पर धरकर ही बंदूक चला रही है। बालकिशन को बेकूत गुस्सा आया।

अम्मा बिफर पड़ी, "हाय रंडी ! बेड़िनी ! पतुरिया ! मैं क्या जानती थी कि इस बालक को तू अपनी खातिर साँड़ कर रही है ? तू भूखी-प्यासी हथिनी...नदिया-ताल सोख जाएगी। तेरा भरपाई कहाँ तक कर पाएगा मेरा नादान बच्चा। हे संकर महादेव ! मेरी ही मति मारी गई, यह पाँच बरस बड़ी अम्मा और वह अखेल..."

सास क्या कह गई, शीलो का मुँह खुला रह गया। यकायक सोच नहीं सकी कि इसका क्या जवाब दे। कुछ नहीं सूझा, तो रुआँसी हो आई। बोली, तो आवाज काँपने लगी, "अम्मा जी, तुम्हारी मति काये फिर गई है। सो भी हम जानते हैं। हिमायत लेकर बेटा को मत भरमाओ, यह कहो कि उसका रस्सा सरका जा रहा है तुम्हारे हाथ से..."

बालकिशन भी जानता है कि शीलो की जड़ें इस कदर मजबूत होती जा रही हैं कि अम्मा एकदम ढीली हो आई हैं। आज अफसोस इसलिए और ज्यादा भारी हो गया कि सास-बहू में रघु के सामने ही ठनाठनी हो गई। जाति में से छेके हुए घर के लिए यह खतरनाक बात है। बालकिशन नाक तक पानी में खड़ा है, अब डूबा कि तब डूबा।

समझ-बूझ वाली स्त्री शीलो !

रोटी नहीं खाई शीलो ने, क्योंकि अम्मा रूठी बैठी हैं। रार झंझट का क्या बुझाना ? अम्मा को मन लगाकर मना रही है। तरह-तरह से मिन्नतें कर रही है।

"अम्मा जी, एक बार को तुम्हारा बेटा न खाए, हमें मलाल नहीं, पर हमारी बूढ़ी पुरिखा भूखी-प्यासी रहें। हाय ! सच्ची, नरक में ठौर न मिलेगा।

लो, तुम नहीं खातीं तो कौल ले लो हमसे, शीलो भी गिरास तोड़ने वाली नहीं।"

यह क्या ? अचानक फुहारें पड़ने लगीं। बालकिशन का मन बालू-भरा रेगिस्तान हो चुका था अब तक। मन में मरती हुई आशा...सावनी घास की तरह जम आई। पागल उल्लू है बालकिशन, शीलो का किया दुर्व्यवहार अपनी खता मान बैठा है। अब शीलो की मीठी बोली सुनी, तो अम्मा के सामने जाने की हिम्मत जुटाने लगा। शीलो से इस कदर जुड़ गया ?

शरशैया ! अम्मा बिना सलूका पहने खरहरी खाट पर पड़ी हैं ! गनीमत यही समझो कि शीलो का वेश भी मैला है, नहीं तो अम्मा अनशन की म्याद और बढ़ा देतीं।

"अम्मा जी, उठ बैठो। देखो, तुम्हारा बेटा अब तक निरनै (भूखे) बैठा है। दस चक्कर काट गया है। आँखें खोलो। तुम न खाओगी, तो हम दोनों प्रानी निराहर..."

बिना नहाई-धोई मैले वेश शीलो, भूखे पेट बालकिशन...अम्मा को इससे ज्यादा और क्या चाहिए ? मोम पिघलाने के लिए इतना ही ताप काफी है। वे देवी माता की तरह जागृत हुईं, उठी बैठी 'हरे राम' कहकर।

शीलो मुस्करा पड़ी। बालकिशन को हँसी आ गई। माँ के दोनों कंधे पकड़कर बोला, "अम्मा, इतना सा ही गुस्सा था अंटी में ?"

अम्मा का मन नीले आसमान-सा निर्मल है। जितनी भी दया-माया जमा थी, दोनों बच्चों पर बरसा दी। नहा-धोकर शीलो के संग एक थाली में खाया। कौन कहेगा कि कुछ देर पहले यहाँ गुस्से के बादल फटे थे ?

अम्मा का गुस्सा सदा बालकिशन को घाटे में डाल देता है। पूरा दिन सूखा-सूखा निकल गया। आज बंबे का पानी काटने के लिए घंसू से कह आया था। पूरा दिन शीलो के लिए। अम्मा आड़े आ गईं। बुढ़ापे में जवानी के संकट याद होते उन्हें तो ऐसा घोल मचातीं ? या कि याद हैं खूब-खूब इसलिए ठान बैठती हैं कि शीलो, मैं चाहूँ, तो तेरी उमंगें पानी कर दूँ। शीलो भी जवान है, डाह करती हैं क्या ?

...लेकिन उन्होंने शीलो से खफा होकर बालकिशन को उजाड़ा है। समझो अम्मा, तुम्हारी बहू नाराजगी का बदला तुम्हारे बेटे से लेती है गिनगिनकर। कमबख्त चोरी-चुपके भी नहीं ढूँकी मौक़ा देखकर। बालकिशन

ने अम्मा से आँखें बचाकर इशारे किए, आते-जाते कुहनी मारी, दस-बीस बार खाँसा, पर अनजान बनी बैठी रही। जानती है, ये ढोंग करना बेहद जरूरी है, नहीं तो उसकी जवानी की कदर कौन करेगा ?

एक बार पेट-दर्द का बहाना बना लिया था उसने, केवल शीलो से मिलने की खातिर।

''अफारा लगा है। पेट फूल रहा है।''

खटिया पर लेट गया। तब भी अम्मा से नई-नई सुलह हुई थी शीलो की। अम्मा के पास भी बहू से मिले आदर-भाव का नया-नया जोश था।

माँ ही आई थी तुरत। अपने बच्चा का रोग-धोग काटने के लिए। बालकिशन की आँखें बुझ गईं। कराहने लगा।

माँ ने हाथ में दबी संजीवनी निकाली—भुँजी अजवायन और छिरिया का गरम दूध, ''फाँकी मारकर घूँट भर ले बालू। पेट नरम हो जाएगा लुचई-सा !''

धर्म-संकट या विकट संकट ! अच्छे-खासे पेट में भुँजी अजवायन के साथ छिरिया का गरम दूध क्या उपद्रव मचा डाले न जाने ? हो सकता है, दस्त लग जाएँ। शीलो के काम का तो रहेगा नहीं, पर अब क्या हो ? शीलो द्वारा लाइन पर लाई गई अम्मा का दिल तोड़ना भी कहाँ तक मुनासिब है ? नहीं, बालकिशन ऐसी भूल नहीं करेगा। अम्मा को लौटाकर वह अम्मा का नहीं, शीलो का खतावार हो जाएगा। मतलब कि शीलो के लिए फंदा तैयार, अम्मा उसी पर झपटेंगी। मिलन की संभावना खारिज।

अजवायन सादर ले ली। बजरंग बली का नाम लेकर गरम दूध पी गया।

माँ की आँखों में ज्यों दो फूल खिले। लड़ियाकर बेटे का सिर सूँघ लिया।

शीलो ! दालान में खड़ी, कोठे के भीतर का भेद पा लेने की चेष्टा में है। नजर मिलते ही मुस्काती हुई पास आ गई, ''पेट कैसा है अब ?''

''अरी, अब ठीक हुआ। शर्तिया दवा है।'' अम्मा ने जवाब दिया।

खर्र से एक पुड़िया खोली शीलो ने, ''चंपादास बैद से लाया है रघु। बैद जी ने कहा है पित्तवात शांत हो जाएगा। हरी-पीली उल्टी तो नहीं हुई ?''

काश, हरी-पीली उल्टी हो जाती। दवा तो सुकारथ लगती।

''बुरा मुँह क्यों बना रहे हो ? हर्र हैं, चूस लो।''

लाचारी ! शीलो थानेदार की तरह खड़ी है। चुपचाप हर्र डाल ली मुँह में। स्वाद जहर हो चला। मगर मुद्रा नहीं बिगाड़ पाया। अम्मा के चेहरे पर

छलक आई बेटे की तकलीफ।

"बेटा, मैं पेट सूँत दूँ ? नाव तो नहीं टरी ?"

झुँझलाया सा बोला, "तुम जाओ अम्मा।" स्वर में चिड़चिड़ाहट के रेशे थे।

उखाड़ देने वाला यह हमला अम्मा चुपचाप झेल गईं, लेकिन मोर्चे पर जमी शीलो से बोलीं, "बहू, तू पपीते का इंतजाम कर। पड़ोसन काकी मना नहीं करेगी। दर्द-हरन तेल की पूरी सीसी मलवा गई है।"

इलाज-उपचार हर्र-पपीता-अजवायन के चलते मर्दानगी पिलपिली हो चली। शीलो की आज्ञाकारिता आज के लिए ही थी। मूर्ख औरत ! अम्मा की चेली बनकर पपीता लेने भागी गई है। इतनी भोली है, जितनी दिखा रही है ? जाते-जाते एक निवेदन और कर गई है, "अम्मा जी, न हो तो नाभि पर हींग का लेप...कब्ज हो गई लगती है।"

सत्यानाश ! दोनों की दोनों बालकिशन को चित्त करने पर तुली हैं। अम्मा कब उड़ गईं तितली की तरह ? हींग लेकर हाजिर हो गईं। प्यार भरी सेवा में वे पीछे नहीं रहना चाहतीं। हींग का लेप, कब्ज क्या, पत्थर फोड़ डाले।

पपीता आ गया। शीलो एक शीशी भी लाई है। इधर से पपीता और उधर से शीशी की दवा, मुँह खोले पड़ा है बालकिशन।

हींग के लिए नंगा-पेट हाजिर है। वह मरीज माना जा रहा है या शिकार ?

"दवा पिओ।"

"उबकाई आ रही है।"

शीलो जानती है उसकी कमजोरी, बाँह के सहारे उठाया और उसका सिर अपनी छाती से सटाकर बैठ गई। दवा क्या विष पीने को तैयार हो गया वह।

"बेटाऽऽ आ-आ-आ, भुँजा जीरा।" अम्मा का काँपता-कराहता स्वर और झुर्री-भरा हाथ बेवक्त दखल देने लगा।

चिड़चिड़ा गया बालकिशन, "अम्मा, भुँजा जीरा न भुँजी भाँग।"

बेदर्दिन शीलो, जैसी सारी व्यथा समझ रही हो, होंठ भींचकर मुस्काई। ऊपर को पलकें उठाकर देखा उसने।

माँ दबे स्वर में मिसमिसाई, "नास गए, मैं क्या विस दे रही हूँ ?"

बालकिशन—दो बटाईदारों की शामिल पूँजी से ज्यादा कुछ नहीं।

अम्मा की मुद्रा बदलाव के पहले कदम पर है। वह बदलती भृकुटियों से डर-सा गया। अपनी गलती मानता हुआ कह उठा, "अच्छा, ले आओ अम्मा, भुँजा जीरा भी सही।"

दो पल का एकांत चाहा था उसने, कहाँ-कहाँ भटक रहा है ? एक मौका और आजमाया, "एक लोटा पानी।" वह जानता है—शीलो से पहले अम्मा बाजी मार लेना पंसद करेंगी।

अम्मा नहीं गईं ! बोलीं, "जीरे पर पानी की क्या जरूरत ?"

माँ नहीं, बैरिन है अगले-पिछले जन्म की। आजिज आ गया। पाटी पकड़े बैठी है। "शीलो, तुझे मैं कच्ची चबा जाना चाहता हूँ। तेरे कारण मेरी यह दुर्दशा..."

शाम उतरते-उतरते इलाज-उपचारों के कई चरण समाप्त हो गए। अम्मा सिरहाने जमी हैं। वह शीलो का नाम जप रहा है।

शीलो खिचड़ी ले आई। दवा ही दवा गई है पेट में, नुकसान हो जाएगा।

अचानक पेट में बिजली-सी चमकी। आग लहलहाई। मरोड़-दर-मरोड़...बालकिशन पेट पकड़कर लहलोट होने लगा।

अम्मा परेशान-सी चिल्लाने लगी। शीलो ने अपनी बाँहों में थाम लिया। अब कहाँ अम्मा और कहाँ शीलो, दस्त की बेसाख्ता हाजत हो रही है।

वह दाँती घिसते हुए शर्म-लाज त्यागकर, अम्मा को भूलकर 'शीलो-शीलो' पुकारने लगा। आह के साथ शीलो। कराह के साथ शीलो।

"शूल उठा है," वह वेदना से कराही।

"लोटा...पानी भरके।"

शीलो लगभग दौड़ गई, पानी-भरा लोटा ले आई।

पेट में भींतें पलट रही हैं। खेत तक पहुँच भी पाएगा ? गया था खेत तक। राम-राम भजकर पकड़ा है ठौर।

...लेकिन दस्त का मामला, खेत तक कितनी बार जा सकता है आदमी ? एक, दो, तीन, चार, पाँच और छः बार। अब तक पेशाब और पाखाने का भेद खत्म हो चुका था। खेत तक की दूरी तय करना किसी परमवीर के बस की भी नहीं। ढोर वाली बखरी में बैठने लगा। फिर वही तीन-चार बार। गोड़ों

का सत्त निचुड़ गया। देह लस्त पड़ गई। अब कहाँ की ढोर वाली बखरी। लाँग खोले घर की पौर में ही...सिर लटकाए मरोड़ झेलता बालकिशन। हाथ मटियाना भी भूलने लगा।

आफत-विपत में दुश्मन भी मिल जाते हैं आपस में। अम्मा और शीलो...एक मल पर राख डाले, तो दूसरी हाथ पानी लिवाए। जैसे दो-दो माँ हो बालकिशन की।

ममता की मारी अम्मा रोने लगीं। कमजोर दिल की माँ।

शीलो पत्थर बनी बैठी रही रात-भर। अम्मा बाहर खटिया में जा ढहीं। एकांत में शीलो ! बालकिशन की चाँद-सितारों वाली तमन्ना भी अब आकर पूरी हुई, जब वह दम सूखे चिड़िया के बच्चे-सा...रह-रहकर आँखें खोलना चाहता है। संतोष बस, इतना ही था कि उसका सिर शीलो की गद्दर जाँघों पर है। समय चूके वाली बात, सब गुड़-गोबर हो गया। सब शीलो की मेहरबानी, गुड़ को गोबर कर दे, गोबर को गुड़।

सुमेर भइया फिर आ गए !

बालकिशन ने शीलो का हाथ क्या थामा, सुमेर भइया गश्त लगाने लगे। या उसे ही लगता है ऐसा ? कहने को मीठा बोलते हैं वे, गुर्राना छोड़ दिया है।

...लेकिन बालकिशन तो वही बालू है, जिसने भइया से बहुत मार खाई है। फटकारें सुनी हैं, उनका चेहरा देखते ही खून सूख जाता है देह का। शेर के सामने खरगोश।

शीलो तरह-तरह से हिम्मत बाँधती है। वे कौन होते हैं हमारी बावत बात करने वाले ?

जब पहली बार भइया आए थे, तो डर के मारे छिप गया था वह। रामायण का प्रसंग याद कर-करके थरथराता रहा था—सुग्रीव का भाई बालि...किसी की स्त्री को झटक लेने वाला। गुस्से में राम ने बध कर डाला था। भइया राइफल के बट से उसका सिर फोड़ देंगे। बालकिशन को अपनी जान बहुत प्यारी है। शीलो से भी ज्यादा प्यारी ? इसका जवाब नहीं है उसके पास।

हाँ, भइया के डर के मारे खेतों में भाग गया।

"भइया गए ?" वह गाँव के आदमियों से पूछता।

"नहीं गए," उत्तर मिलता। कमाल है, पहले घंटे भर के लिए आते थे, अब की बार दूसरे दिन तक डटे हैं। उनके मन में क्या है ? कई आशंकाएँ उठतीं मन में बुरे-बुरे ख्याल आते।

रघु की मड़इया पर था बालकिशन। रघु बताने लगा—खेत की मेड़ पर खड़े होकर, "तेरी अम्मा से बातें की हैं सुमेर भइया ने। गाँव में कुछ लोग कह रहे थे कि अपनी औरत को लिवाने आए हैं। अपनी गलती मानी है। काकी के आगे जार-जार रोए हैं। काकी के पाँव पकड़ लिए। कहते हैं कि शीलो भौजी के भी पाँव छू लेंगे। सुनते ही शीलो भौजी ने उनके चरन छू लिए।"

बालकिशन बेवकूफ-सा देख रहा है। मेंड़ के इधर-उधर के खेतों में खड़ी फसल एकदम सूख गई। वह जले-ठिठुरे ठूँठों के बीच खड़ा है।

शीलो, जो भइया के नाम से ही बिदकती है, ऐसा करेगी ?

क्यों नहीं कर सकती ? वह रह-रहकर बदलने वाली औरत...बालकिशन की तरह नहीं कि जब से जन्मा है, रेल के डिब्बे की तरह एक ही लाइन पर चला जा रहा है। अब वह शीलो कहाँ, जो भइया की ब्याहता थी, त्यागी हुई स्त्री। सोच की धार में बहता हुआ खेत की परिक्रमा देता रहा, ज्यों खेत कोई मंदिर हो।

गाँव की ओर देखता बार-बार। रघु बता गया है, "तेरी अम्मा खोज रही हैं तुझे। कह रही थीं, काम के बखत कहाँ जा छिपा ? यहाँ क्यों बैठा है ? बता दूँ काकी को ?"

"नहीं !" वह जोर देकर बोला। दरोगा दीवान के घर जाकर क्या करेगा ? मड़इया पर दिन काटना अच्छा।

देखा कि अम्मा ज्वार का आधा तना तोड़कर हाथ में लिए चली आ रही है। संटी से मारेंगी अम्मा ? वह मेड़ पर बैठ गया घुटनों में मुँह देकर।

"ओ बालू ! मूरख, तुझे कोई कितना समझाए..."

आगे की बात वह सुनना नहीं चाहता। अम्मा यही कहने वाली है न कि जिसकी ब्याहता थी, उसका हक, वही ले गया। तेरे संग रहना होता, तो बछिया कर लेती शीलो। बड़ी चतुर लुगाई है, भइया। अच्छा है, तू बच गया।

मर्द बच्चा के न्हों-न्हों (नाखून-नाखून) के ब्याह।

सच में, शीलो एक नंबर की दगाबाज है। रघु ने कहा न होगा कि बालकिशन हमारी मड़इया पर...आई तो नहीं ? क्यों आएगी ? जिसके लिए इतने सालों तपस्या की, वह खुश होकर आ गया।

अम्मा दुखी होकर बोलीं, "तू ऐसा क्यों है रे, कोई बात पड़े, मुँह उठाकर रघु की मड़इया की ओर चल देता है। बचकर भागा फिरता है। कब तक बचेगा दुनिया से ?"

अम्मा की सूरत सामने है, लेकिन उसकी नजरों में बार-बार शीलो चिलक उठती है। शीलो कुछ कह रही थी ? वह पूछना चाहता है।

"चल, घर चल।"

"अम्मा, भइया ?"

"चला गया।"

"चले गए ! सच में चले गए ?" वह अचानक जी उठा।

अम्मा की बातों में दिलचस्पी बढ़ने लगी।

"बड़ा दुखी था सुमेर। रोता था। पछताता है अब। कह रहा था कि मैं घर की बावत सोचने से भी डरता हूँ।"

"अम्मा, मेरे लिए कुछ..."

"तेरा तो नाम ही नहीं लिया उसने। मैं भी चुप लगा गई कि दोनों भाइयों का आमना-सामना न हो इस बखत।"

बालकिशन को अम्मा की भावना अपनी तौहीन लगी। जोश और आवेश में बदल गई उसकी विनय। भीतर बैठा हुआ डर और मन में उठती आशंकाओं के भीतर से एक ताकत-सी फूटी, "अम्मा ! तुमने इतना कमजोर समझ लिया मुझे ? मैं वही बालकिशन हूँ, जो बिरादरी से, पंचायत से, गाँव से भिड़ गया था। कह दिया था—सजा दे दो मनमानी, तुमसे शीलो के खिलाफ समझौता नहीं करूँगा।"

अचानक खुद से ही सवाल कर बैठा। गाँव से भिड़ना, बिरादरी से लड़ना भइया से मुकाबला करने की अपेक्षा ज्यादा आसान नहीं था ? नहीं तो खेत में छिपकर क्यों बैठा रहा ?

घर आने पर पता लगा कि सुमेर भइया रोते पछताते नहीं आए थे, अम्मा के लिए महँगी साड़ी लेकर शान से आए थे।

तो अम्मा की आँखें इसीलिए खा गईं धोखा ?

शीलो ने ही बताया, "अम्मा ने उससे कहा था, ले शीलो, बक्सा में सँभालकर धर दे।"

शीलो सकते में आ गई, टका-सा जवाब दे दिया, "अम्मा जी, अपने हाथों धरो, उठाओ। उनकी लाई चीज हमारे लिए मिट्टी की दर है।"

"तुमने ऐसे कह दिया ?"

"क्यों न कह देते ? हमें सब खबर है कि पुलिस वाले दीवान जी भेस बदल-बदलकर क्यों आ रहे हैं ? डर लग रहा है कि शीलो आगे क्या कारवाई कर रही है ? सत्ते से ऐसी ही बात लाए थे।"

बालकिशन का मन हाथ भर ऊँचा हो गया। शीलो जैसी स्त्री !

शीलो महारानी सरीखी पलिका पर लेटी थी, उसे बहुत ही ऊँची चीज लगी थी वह। हिम्मत नहीं जुटा पा रहा था, पास बैठने की। पुकारना चाहा, तो गला भर-सा आया—उपकार पर विह्वल था। शीलो का दुख और उसका भाग्य आपस में गुँथ गए।

शीलो रो रही थी। बीसियों बार पूछा, फिर भी कुछ नहीं बोली। कौल-कसम भी घूँट गई। बालकिशन के मन में संदेह का काँटा-सा फूटा, अभी भी भइया के लिए मोह है ? पहेली-सी पसार दी शीलो ने, "तुम्हारी अम्मा ने बड़े बेटा को 'बड़ा बेटा' रखने के लिए कहावतें याद कर ली हैं—पूत कपूत हो जाएगा, माता कुमाता नहीं होती। वे बनी रहें माता, मैं तो तिरिया हूँ..."

असमंजस में है बालकिशन !

क्वार के महीने में आए थे सुमेर भइया, एक महीना मुश्किल से बीत पाया है कि कातिक में फिर ! उनके आने-जाने को लेकर बालकिशन का दिल क्यों सुलगता है ? शीलो पर अब भी भरोसा नहीं है ? इस आदमी की वह थी ही कब ? पहले उसकी मंशा के चलते नहीं थी, अब अपनी मर्जी के चलते नहीं है। कैसी अजीब बात है। शीलो पर पूरा भरोसा ही है, तभी तो धीरज डगमगाने लगता है कि कहीं यह भरोसा टूट न जाए ? दिल बदल न जाए। काश ! शीलो भी अम्मा जैसी ही होती। शुरू से अपना रवैया जाहिर कर देती,

न दुख होता। न संदेह। डर लगता है—शीलो के भीतर कई परतें हैं। उसके साथ अक्सर ऐसा ही हो जाता है। जिस बात से डरेगा, वही घटित हो जाएगी। नहीं तो भइया का आना-जाना इस कदर क्यों होता ?

अम्मा सुमेर भइया के सौ खून माफ करे बैठी है। क्या करे, औलाद वाली बात।

...मगर यह शीलो ? अम्मा ने कहा—सुमेर भूखा होगा, चटपट रोटी चढ़ा। शीलो गऊ की तरह बालकिशन के पास आ खड़ी हुई—सुनो, प्याज ले आओ।

अच्छा ! यह गद्दारी ! बालकिशन का खून पानी हो गया और पानी ही खौलने लगा नसों में—मैं नहीं जाता, तू चली जा प्याज लेने।

वह पहले वाली शांत मुद्रा में है। बालकिशन अधिक डर गया। गौर से देखा, उसकी आँखों में विनय, होंठों पर रिरियाहट, इस रूप को किस भाव ले ? झुककर व्यंग्य से बोला, "हंडा भी ले आऊँ ?"

घर की ये दो औरतें तबाह कर रही हैं बालकिशन को। तन-बदन झनझना रहा है।

ऊपर जाना चाहता थ सीढ़ियाँ चढ़ गया। तभी ध्यान आया—इस औरत का क्या पता, सेज सजा आई हो। देखा न जाएगा मुझसे। कल्पना में फूलों वाली चादर बिछ गई सामने। प्याज, हंडा और चादर का हमला... लहूलुहान है बालकिशन। औरत भी साली प्याज—शीलो की तस्वीर घूम गई दिमाग में। मेरी बार को तो अम्मा से ताल ठोककर लड़ी थी, घर में कलह मचा दी। भइया के लिए अम्मा के साया में जा दुबकी। उनका सत्कार कर रही है ! भइया जैसा मर्द ही ठिकाने लगाएगा शीलो, ठहर जा तू।

मैं विरोध नहीं कर सकता, मान लिया, लेकिन सहयोग भी क्यों करूँ ? गली के कुत्ते की दर पर रखती है ? जब चाहे, टुकड़ा डाल दिया; जब मन आया, दुत्कार दिया।

गाँव में बेवजह गली के कुत्ते की तरह ही डोलता रहा था।

शाम को घर आया तो भौंचक ! आँगन में शहरी असबाब भरा है।

छोटी सी मेज—रघु के घर से मँगाई गई है। मेज पर मेजपोश। मेजपोश देखकर सचमुच घबरा गया वह—चादर वाले फूल कढ़े हैं। यह कहाँ छिपा था अब तक ? तेरा पार पाना मुश्किल है शीलो !

पौर में बैठ गया सोच का मारा हुआ। चम्मच-थाली-गिलास-कटोरियाँ...चमचमाहट प्राण खींचे ले रही है। तरह-तरह की तरकारियों की गंध ! यह हो क्या रहा है ?

भइया वर्दी उतार चुके। मुँह-हाथ धोने पनारे पर गए, शीलो पानी भरा जग लेकर लपकी पनारे की ओर।

तौलिया थमा दिया—मुँह पोंछ लो।

"बालकिशन !" भइया की नजर पड़ गया। कैसे बताए कि रस्म-अदायगी के लिए भी नहीं आना चाहता तुम्हारे पास। अम्मा ने रोका, वह नहीं रुका।

सिरदर्द का बहाना बनाकर छत पर जा बैठा।

उसके मन का चोर हावी है उस पर, नहीं तो शीलो के व्यवहार में से चुभने वाली बातें ही क्यों चुराता ? और अपने दिल पर कटारी फेरता...भइया की रुचि को याद रखने वाली शीलो ने रोटियों पर घी नहीं लगाया। वही आसमानी धोती, बारीक ब्लाउज पहना है। वशीकरण अतर भी गमक रहा होगा किसी हिस्से में। छमछमाती सुमेर की ब्याहता...बालकिशन कौन ? कि भड़ुआ। सुमिरन की बात सच्ची हो गई।

मैं कहाँ जाकर मरूँ, शीलो ? प्रीति का स्वांग रचाकर जीते-जी खत्म कर रही है !

खाना खाकर लंबी डकार ली भइया ने। मुड़ेली के नीचे बैठे बालकिशन की आँतें पलट पड़ी हों जैसे।

वे धीरे-धीरे आगे बढ़ रहे हैं। अब बैग उतार लिया खूँटी से। अम्मा देख रही हैं।

जो निकाला, वह गौर से देखा बालकिशन ने। कफन से ज्यादा दुखदाई है...

"यह साड़ी है अम्मा। शीलो के लिए। आज तक कुछ दिया ही नहीं..." भइया ने ऐसे कहा, ज्यों उनका गला ही नहीं, दिल भी भर आया है।

अब कौन सी गुंजाइश टटोलना चाहता है ? अम्मा ने साड़ी माथे से लगा ली।

बालकिशन दहले हुए कबूतर-सा देखता है चारों ओर। उसका कहीं कोई नहीं। चंपादास बैद का सुनाया आख्यान झूठा तो नहीं—"द्रौपदी को जीतकर अर्जुन जब हस्तिनापुर आए और माँ कुंती को पुकारा—माँ, हम एक अमूल्य

चीज लाए हैं। कुंती ने बिना सोचे-विचारे ममतावश भीतर से ही कह दिया—पाँचों भाई बाँट लो।"

अर्जुन क्या इसी तरह थर्रा गया होगा ? उसका संसार भी इसी तरह डोल गया होगा ? धरती-आसमान एक हो गए होंगे ? हो सकता है, ऐसा कुछ भी नहीं हुआ हो। चंपादास बैद कहते हैं कि वे सब देवता थे। देवताओं को मृत्यु-भुवन के सुख-दुख नहीं व्यापते। सारी मार साधारण मनुष्य के लिए है।

वह मनुष्य है, शीलो का एक-एक बोल तक तीर की तरह कसकता है—तुम हीरा मानिख, तुम निरमल मन, तुम गंगा-जल। वही शीलो आज आसपास तक नहीं आ रही।

अम्मा ने रोटी के लिए पुकारा। सिरदर्द से परेशान आदमी को भूख कहाँ ? माँ का मन नहीं माना। ऊपर आईं, अपने साथ ले आईं। पौर में खटिया बिछाकर लिटा दिया, जैसे वह बहुत छोटा बच्चा हो। बीमार होता, तब भी इस समय लेट नहीं पाता। वह खटिया की अद्वायन में एड़ी रगड़ रहा है।

खटिया के पास शीलो ! सपना नहीं, सच !

तो यह बात है ! भइया की लाई हुई सुनहरी गोटे वाली लाल साड़ी पहनी है। हाथ में पानदान। कहती है—उठो तो, तुम्हारे भइया ने सिगरेट छोड़ दी है, सो पान की आदत लग गई है। घड़ी-घड़ी पान खाने वाले के लिए कोई चिरगाँव कितनी बार जाता ? पानदान निकाल लिया है। इसे माँज दो अच्छी तरह। अम्मा तो कह रही थीं—अमचूर से रगड़कर चमका दो, अब तो काम आएगा ही।

क्यों जान लिए ले रही है शीलो ? न जाने क्यों, अपना मालिकाना अंदाज याद आ गया उसे, जिसके चलते वह पुख्ता हो चला था—शीलो, पानी लाओ। शीलो, खाना परसो। शीलो, मेरे कपड़े...इस कुघड़ी में ये बातें...जैसे मौत के समय जिंदगी याद करे, मरने वाला। सुलगते-तड़पते बालकिशन ने आखिरी हद तक सोच डाला—इस आदमी को खत्म कर दूँ तो ? मुझसे शीलो को छीनने वाला मेरा जानी दुमश्न...भाई कहाँ रहा यह ? माना कि बल के चलते कमजोर बैठता हूँ, लेकिन सोते हुए का हँसिया से पेट फाड़ने से कौन रोकेगा मुझे। बालकिशन की कल्पना में मरा हुआ भाई लेटा है—खून से लिथड़ा हुआ और वह खड़ा है हाथ में हँसिया लिए, संतुष्ट भाव से। शीलो एक ओर खड़ी देखती रह गई। निर्विघ्न निर्बाध खुला पड़ा है उसका रास्ता।

"शीलो।"

चौंक पड़ा अचानक। भइया का स्वर ! भइया ने पुकारा है शीलो को ? कान में लहर-भरी सलाखें आर-पार हो गईं। अब तक ऐसे कभी बुलाते थे ? मुँह तक नहीं करते थे उधर, जिधर शीलो खड़ी हो।

उससे न रहा गया, उद्विग्न-सा देखने लगा उझकते हुए। देखकर क्या मिला ? आँखें फूट गईं। दो सूजे घुपे आँखों में। सुमेर नाम का आदमी गुपचुप इशारा दे रहा है शीलो को। इस औरत को, जिसको बालकिशन ने मन से अपनी अर्द्धांगिनी मान लिया है। जिसके साथ वह जीवनपर्यंत रहना चाहता है कि अगले जन्मों में भी शीलो की कामना है बालकिशन को।

परलय की शीलो जा रही है भइया के पीछे-पीछे...

अब हत्या की नहीं, आत्महत्या की बात सोच रहा है वह। फिर एक चित्र—गले में फंदा डालकर छत से झूलता हुआ बालकिशन ! शीलो पछाड़ें खा रही है पास में ही। विलाप करती है दिल हिलाने वाला...शीलो के संग आती-जाती उसकी जान निकलती चली जा रही है देह छोड़ती हुई...ओ बैरिन, तेरे बिना यह घर तो घर क्या रहेगा; गाँव, गाँव नहीं, धरती-आसमान वीरान हो जाएँगे मेरे लिए। आँखों में जमा होता पानी कंठ से घुटक रहा है लगातार।

शीलो ने पीछे मुड़कर पौर की ओर उड़ती-सी नजर से देखा और आगे बढ़ गई।

उसकी निगाह का आशय ? शीलो का रोम-रोम उसका था, हर बात में वह शामिल था, आज ऐसा उल्टा वक्त कि...चोर की दर है बालकिशन की। अपने मन में ही गिराने लगा, नीचे, बहुत नीचे। शीलो से जुड़ी बातें दीवारों से कान सटाकर सुने, धिक्कार है उसे। इससे ज्यादा बेगानापन क्या होगा, तौहीन क्या होगी ?

फिर भी खुद को खुला छोड़ दिया। जान पर बनी है, मान-अपमान की बात कहाँ रही ?

अच्छा ! तो भीतर अम्मा भी है। बूढ़ी खाँसी सुनाई पड़ी।

"अम्मा जी, तुम पूछ दो अपने बेटा रो कि हमसे क्या पूछना-बताना चाहते हैं," सुनहरे गोटे वाली लाल साड़ी की ओट में चेहरा छिपाए शीलो अम्मा से मुखातिब है।

"कहना-सुनना क्या है अम्मा, यही कि अब तक जो हुआ, सो भूलने की चीज..."

"कुछ नहीं हुआ, अम्मा जी।" शीलो चटाक-पटाक जवाब देना सीख गई है।

भइया की अति विनयी आवाज, "अम्मा, तुम जाओ। शीलो से दो बातें अकेले में..."

अम्मा दालान में निकल गईं। बालकिशन की जान मुँह को आ गई।

...लेकिन शीलो ने अम्मा का आँचल पकड़ लिया है, "जाती कहाँ हो अम्मा ? पहले अपने बेटा को जेठ-बहू का कायदा समझा दो। अब अकेले में मिलने का मतलब ?" कहते हुए शीलो का स्वर भर आया, क्यों ? बालकिशन को उसकी अंदरूनी तहों पर संदेह हुआ। अग्नि में जलती हुई औरत को कसौटी पर घिस रहा है वह।

भइया क्या बोलें ? वे चुप हैं शीलो के सवाल पर। घूँघट में दबी-ढकी बहू, भइया से जेठ के नाते बोलने-चालने की नहीं। भूलभुलैया में डालना सीख गई है शीलो ? इधर वह टँगा है, उधर भइया को लटका दिया।

अम्मा को क्या सूझा, वह कह नहीं सकता। भइया कुछ बोलते, उससे पहले ही कह उठीं, "काये को लीला रच रही है ? दो बातें करने का हक तो बनता है सुमेर का।"

माँ, मैं जानता हूँ, तू बड़े बेटे को लेकर सदा पक्षपात करती रही है। बालकिशन सन्ना गया। थक-हारकर बैठ गया पौर में, धरती पर। सिर नीचे डाल दिया। हाथ माथे पर रख लिया।

यह औरत है या कोई माया ? भरमाती है, फिर बिदका देती है। बालकिशन उसके साथ एक देह एक जान का संबंध बना चुका है, लेकिन हासिल ? इसी की लीला समझना तक मुश्किल। यह भइया की है या मेरी ? या किसी की भी नहीं ? शीलो के लिए तड़प रहा है, पर उससे बातचीत करने का मन नहीं। जाले साफ हों, तो कैसे हों ?

शीलो खुद ही चलकर आ गई बालकिशन के पास।

"तुम्हारे भइया को करेला अच्छे लगते हैं। जाओ, ले आओ। चिरगाँव तक जाना-आना, रात हो जाएगी। रोटी कब बनेगी फिर ? और कब खबेगी ? मन्नू मिठिया की दुकान से पाव-भर पेड़े भी लेते आना। अम्मा बता

रही थीं, शौक है उन्हें पेड़ों का।" उन्हें ? भइया को ?

उसे छोड़ अम्मा को पकड़ा शीलो ने। सानी-चारे की हिदायत देने लगी। खेत पर नहीं गईं अम्मा। मजूरों ने क्या गड़बड़ की हो, चिंतित है वह। किस-किस बात की चिंता है ? ढोंग करती है। असल चिंता है भइया की। कि पहली ही आदत पड़ी हुई है शीलो को, भइया की खातिर में जुट जाना...या पछताती है कुछ कड़वी बात बोलते ही ?

वह बाजार गया था, करेला ले आया। पेड़ा खरीद लाया। इच्छा के विरुद्ध काम करने की आदत आज से नहीं, लड़कपन से है उसे। मन मारना आता है।

...मगर अब क्या होगा करेलों का ?

भइया तो चौका से सटकर बिछाए गए बोरे पर बैठकर खाना खा रहे हैं !

इतनी जल्दी ? दिन डूबते ही ? बालकिशन को अचंभा हुआ।

शीलो इतनी नजदीकियाँ बरत रही हैं ! द्रौपदी बनी हुई है सचमुच की !

अम्मा कहाँ मर गईं ? खेत पर टरका दीं या खुद ही मौका दे गईं ? डुकरो की मति लट्टू की तरह घूम रही है इन दिनों। उनका कोई ठिकाना नहीं।

जेठ का रिश्ता मानने वाली यह औरत थाली परोसकर अपने पास बिठाकर खिला रही है भइया को। साली ढोंगिन...बालकिशन, तू काठ का उल्लू नहीं, तो और क्या है ?

पति का चोला पहनकर गुलाम में ज्यादा कुछ नहीं। जरखरीद बँधुआ। माँ भी औकात समझती है तेरी। तेरे मुकद्दर में इसी तरह मार खाना लिखा है।

करेले और पेड़ेवाला झोला पौर के अँधेरे कोने में पटक दिया उसने।

शीलो और भइया के संबंधों की तहकीकात में जुटा हुआ है मन लगाकर...तो सुन अब भइया की बानी, नरम-मधुर बानी—

"शीलो, अपने दिल की बात कहना अम्मा के सामने संभव नहीं था। सो दो घड़ी..."

शीलो ने माथे तक का घूँघट तनिक ऊपर खींच लिया।

"मैं कर्जदार हूँ तुम्हारा। गुनाहगार भी, कसूरवार..."

बालकिशन ने पूरी ताकत लगाकर दिल कड़ा किया। अपने ऊपर गुस्सा भी आ रहा है उसे, अपने-आप किसी अनाप-शनाप बातें सोच लेता है, मगर जब वे ही बातें दूसरे की जुबान से सुने, तो अनहोनी लगती है। घुमेर आ जाती है।

भइया : "असल बात ये है शीलो कि शहर में रहना-बसना हमारी मजबूरी हो गया है। मजबूरी के चलते साधन पास में नहीं है, दिक्कत तो यही है। गृहस्थी को सिर पर लादकर तो घूमा नहीं जा सकता। रहवास भी चाहिए ही।" भइया ने बातों का सिलसिला शुरू किया।

ऊपर उठाया घूँघट, फिर नाक तक सरका लिया शीलो ने। इसका भी कोई मतलब होगा, जो बालकिशन की समझ में नहीं आ रहा है। हाँ, उसकी अधरुकी साँस जरूर ठीक से आ गई।

"शीलो, मैंने उससे (नई पत्नी से) कहा था कि शीलो जैसी औरत धरती पर बहुत नहीं जनमती। रग-रग में त्याग, दया भरे वह विरली ही है। दिल बहुत बड़ा !"

शीलो का चूल्हे की आग से तपा हुआ चेहरा–सिंदूरिया आम।

"तुमसे सलाह करना चाहता हूँ, क्योंकि तुम ही इस घर में समझदार हो। अम्मा का क्या, जैसे समझा दो, समझ लेती हैं। बालकिशन बेवकूफ है और बेवकूफ आदमी अक्सर मुसीबत बन जाता है। मैं जानता हूँ, तुम उसे काबू में ले सकती हो। वैसे, बात कुछ भी नहीं, अपने हिस्से की जमीन का सवाल है, उसे आनाकानी क्यों होगी ? बात वही है न, गँवार आदमी हल जोतता है पराई जमीन में, और सोचता है कि वह उसी की है। दूसरे की जोत से अधिक प्रेम करने लगता है किसान। बालू किसानों से अलग तो नहीं।"

बालकिशन गहरे अर्थ खोजने लगा है। भइया की बात जमीन के साथ शीलो पर भी तो लागू हो रही है। तो भइया को उसकी बेवकूफी और गँवरई से डर लग रहा है !

शीलो ने भाप से फूली रोटी पास रखे लोटे पर मारकर पिचका दी। ऊपर से घी चुपड़ने लगी।

भइया बोलते रहे, "वैसे, दोनों भाई अलग थोड़े ही हैं। सब एक ही माया।"

घूँघट बिलकुल ही खींच दिया शीलो ने। भइया ऐसे देख रहे हैं, ज्यों

पहली बार देखा हो उसे—कुछ चौंकते से, कुछ विमुग्ध भाव से। मोहिनी नजर क्यों है, वह नहीं जानता।

भइया की इस मनुहार से शीलो धन्य हो गई ? पति की ऐसी कद्रदानी पहली बार पाई है, शीलो औरत जात ! निछावर हो जाएगी इसी बात पर ? पति की राह में खत्म हो जाने वाली स्त्री स्वर्ग की हकदार होती है, शीलो अपना परलोक बिगाड़ना चाहेगी ? सुमेर भइया अहल्या की तरह उसे पत्थर से इनसान बनाने आए हैं, दया-धर्म सिखाते हुए। सच में उनका एहसान मानने वाली पतिव्रता सती के गीत गाएँगी इस गाँव की बूढ़ी औरतें। जाति से छिक जाने की सजा से बरी हो जाएगी।

भइया का पश्चात्ताप पिघल रहा है, "तुम सोचती हो, मैं भूल गया तुम्हें ? अरे शीलो ! मैं तो इस काबिल भी नहीं रहा कि यहाँ आकर इस घर का पानी भी पी सकूँ। सच्ची बात तो यह है कि घर वसीले के लिए जमीन बेचना तो बहाना है, मैं तुम्हारी राह का काँटा बनना नहीं चाहता। तुमने जो किया, बुद्धि-विचार से किया है। अक्लमंद कदम।"

शीलो भइया के रू-ब-रू है। न तेवरों में ताप, न चेहरे पर रिस गुस्सा। सादा सरल होंठ और भोली निगाहें। इस घर के मर्द हाकिम का विनम्र हुकुम सुनकर अवाक्-सी। अपनी जुबान को तमीजदार और सही मोड़ देने में लगी है शायद परीक्षा में उतरने...

"हाँ," बहुत सँभलती हुई नीची निगाहें किए बोली, "बाबूजी, बालकिशन से हमारा क्या नाता ?"

बालकिशन गुस्से के मारे सामने आना चाहता है अब। 'छली औरत, तुझसे यही उम्मीद कर रहा था ? यही सुनना चाहता था ? तेरी गद्दारी कब सामने आती है—इसी का इंतजार था। अब क्या कसर रह गई...अम्मा कहाँ हैं ? पूरी तीस साला औरत मेरे गले बाँधकर कहाँ अलोप हो गईं अम्मा ? मैं बकरी के बच्चे-सा मिमियाता रहा था, यह बाघिन अपने शिकार की तरह मुझे झिंझोड़-झिंझोड़कर स्वाद चखती रही।' वह बुरी तरह तड़प उठा।

"मतलब ? बालकिशन से इससे बड़ा नाता क्या होगा तुम्हारा ? अब तो तुम उसी की...इस संबंध के बाद भी कोई रिश्ता...? शीलो, पहेलियाँ न बुझाओ, सब कुछ साफ तो है।"

"बाबूजी, इस नाते को बड़ा मानते हो तुम ?" भाले की नोंक से

नुकीला सवाल।

भइया चुप।

"काये के पति-पतनी, बाबूजी ? वह अबोध मन का अच्छा है, सो बस...तुम्हारी ब्याहता होने के बाद भी...पर छोड़ो उस बात को। बालकिशन तो ऐसे ही है हमारे लिए, जैसे तुम्हारे लिए तुम्हारी दूसरी औरत। बिनब्याही, मनमर्जी की। सच मानो, बालकिशन भी इससे ज्यादा कुछ नहीं।"

भइया उजबक-से देखते रह गए, अवाक् !

बालकिशन तो खत्म ही हो गया अपने चलते।

शीलो का बयान जारी है, "जमीन-जायदाद की बात यह रहने दो कि यह मामला तो अब भी हमारे-तुम्हारे बीच ही है। बाबूजी, बालकिशन सिरफ अपने हिस्से का मालिक है। वह कौन होता है हमारे-तुम्हारे हिस्से में टाँग अड़ाने वाला ? बिलकुल ऐसे ही, जैसे तुम्हारी वह बिचारी कोई नहीं होती हमारे-तुम्हारे बीच। ये जर-जोरू के मामले बड़े बेंड़े (कठिन) हैं, बाबूजी।"

"शीलो ! क्या कह रही हो ?"

"तुम पढ़े-लिखे हाकिम ऐलकार सब समझ गए होंगे। इतना तो हमें भरोसा है।"

बालकिशन मुर्दे में से जी उठा। वह शीलो की खातिर उठना चाहता है। कहीं ऐसा न हो कि भइया हाथ छोड़ बैठें।

तनिक खाँसकर अपनी उपस्थिति जताई उसने। शीलो ने बड़ा लंबा घूँघट काढ़ लिया। पति के सामने जेठ से बतियाना...बालकिशन का उपस्थित होना रिश्ते का उपस्थित होना है। मर्यादा मानती है शीलो।

वह रोए या हँसे ? नाता है कि गुँजलक भरा जाल। हिरन की तरह अकुलाया।

भइया हाथ का कौर थाली में वापस फेंक चुके थे, बिना हाथ धोए ही बाहर निकल गए। बालकिशन शीलो से कहना चाहता है—शीलो, मैंने छिपकर सुनी हैं तुम्हारी बातें। चंपादास के हिसाब से अगली योनि अजगर की मिलेगी, तुम अजगरनी बनोगी न ?"

अम्मा पर टूट पड़े भइया।

एक-एक बात बताई कड़कती आवाज में। अम्मा झटपट घर का द्वार बंद कर आईं। आकर खड़ी रहीं सोच में डूबी सी, जबकि उनकी उँगलियाँ काँप रही थीं।

सन्न-सी थीं अम्मा, लेकिन उनसे ज्यादा अवसन्न थे भइया। बेजुबान औरत के मुँह से ऐसी जहरीली बातें ! मीठी कटार से धराशायी कर दिया काली करभुँजी शीलो ने ? यह औरत उनकी नौकरानी की दर की नहीं।

अम्मा भइया के सिर पर हाथ धरने के लिए आगे बढ़ आईं, "कुछ दिन गम खा, सुमेर।"

भइया अम्मा के बेटे हैं—इसमें शक नहीं, लेकिन बच्चे नहीं हैं। सरकारी मुलाजिम कानून के पेच कीलों के बारे में कितना जानता है, यह कहने की बात नहीं। छिदाई कड़ाई कैसी होगी—समझता है सब कुछ। उसी के चलते उन्होंने अम्मा का हाथ अपने सिर से उठाकर झटक दिया।

"बेवकूफ हो तुम, बूढ़ी। यह औरत इतनी सीधी नहीं, जितनी तुम समझ रही हो। भरोसा कर लिया तुमने ? अपने हाथ कटा लिए। कोई राजी से न दे, तो यह जबर्दस्ती काबिज हो जाए। अच्छा तमाशा है। यह बालकिशन को भी..."

सुमेर भइया को तमाशा लगीं शीलो की बातें, उनके चलते असंभव बातों का होना किसी जादूगर का खेल ही है। बालू के मुकद्दर पर तरस आया भइया को।

"होशियार रहना अम्मा, मेरी नौकरी..." आवाज को धरती में मिलाकर बोले भइया।

अम्मा के होंठ काँपकर रह गए। उन्होंने सतर्कता से बालकिशन की ओर देखा और भइया का हाथ दबा दिया।

"अब छिपाने से भी कुछ नहीं होगा, अम्मा। सारी गलती तो तुम्हारी है। बछिया क्यों नहीं कराई बालकिशन के संग। बछिया करा देतीं, तो यह सींग पैना कर खड़ी हो आती ? छोटा सा पशु ही इसको बेदखल कर देता सारे हक से। पूरा गाँव गवाह होता...पर अम्मा, दो-चार हजार रुपए का लोभ करके तुमने हमें चित्त करा दिया। अरे ! मुझसे सवाल करतीं, तो मैं भेज देता। अब भुगत लो, लाखों की जायदाद पर दाँत गाड़े बैठी है।"

अम्मा चारों खाने चित्त। बेचारी अपनों के संबंध से ज्यादा कुछ जानती

नहीं, अपने जमाने की औरत। कानूनची कैसे बनती फिर ?

अम्मा, माँ नहीं, मुजरिम की जगह खड़ी हैं। मुजरिम सफाई भी दे, तो विश्वास करती है पुलिस ? अपने ही विपक्ष में बोलने के अलावा कोई चारा नहीं।

अम्मा विलाप पर उतर आती हैं विकट घड़ियों में।

"सुमेर, तू यह सोच कि मैंने अपना अखेल नादान बेटा काए को बाँधा था इस हथिनी के पाँवों में ? बस, इसी कारन कि तेरे हिस्सा की धरती न चर जाए। पर बेटा, इस हथिनी की देह में चालाक लुखरिया का मगज है, यह पता नहीं था। मेरी बुद्धि पर पथरा गिरा दिए महादेव स्वामी ने, नहीं समझी कि बछिया के नाम पर बिदकती क्यों है ? भैंने तो दुखिया समझकर इस पर भरोसा कर लिया। तब तो दुसमनि रो-रोकर बैन कर रही थी--अम्मा जी सात भाँवरें, आँगिन साच्छी और बरातियों के आगे वचन भरकर संगी मुझे त्याग गया, तो अछिया-बछिया का क्या विश्वास करूँ ?"

"हाय, मैं सिर्रिन नहीं जानती थी कि साँपिन को दूध पिलाकर बिस भर रही हूँ बेटों की जिंदगानी में...एक दिन यही डँस लेगी !"

भइया भन्नाते हुए अपनी ड्यूटी पर लौट गए।

मणिधारिनी नागिन शीलो !

गाँव में जोरदार चर्चा है--बालकिशन के कब्जे में दो-दो हिस्सा जोत। वह जो चाहे, सो पाए। सच में, जबसे शीलो का संग-साथ हुआ, उसका मन किसानी में कुछ ज्यादा ही रमने लगा। शुरुआती दिनों में जब अम्मा ने हल की मूँठ पकड़ने को कहा था, तो मना नहीं कर पाया था बालकिशन, पर बैलों के संग-संग चलता आँसुओं से रोया करता था--इतना कठिन काम ! आज खेती से जुड़ा हुआ ऐलकार अफसरों का प्रिय किसान है।

शीलो रुचि लेती है बोने-सींचने में। 'बैनावाये' खेत में हर साल मसूर बोता था, शीलो बोली, "अब की बेर चना।" अम्मा बौखलाई, "कैसे चना ? मसूर बुवेगी। नहीं चना। फिर गेहूँ। फिर मटर। जानते नहीं ग्रामसेवक जी क्या बताते हैं--फसल चक्र अपनाओ, खेत में पैदावार चौगुनी हो जाएगी, नहीं तो उख्टा रोग।"

अम्मा में इतनी सहनशीलता कहाँ, बालकिशन को मूसल मारने दौड़ी, "ठट्ठर बँधे, लुगाई की बातों में फँसकर खेती की तासीर बदलने पर तुल गया ! यह रंडी गेहूँ-मटर-चना नहीं रुपवा रही, हमारी जड़ें उखड़वा रही है।"

शीलो खफा नहीं हुई, मुस्काई, "अम्मा जी, गुस्सा पी जाओ। बूढ़े जमाने उखड़ेंगे नहीं, तो नया बखत आएगा कैसे ? अपने इस रेंगटा को रेत में नहीं, सड़क पर चलना सीखने दो। शुरू में पाँव छिलेंगे जरूर, पर मोटर की तरह दौड़ना आ जाएगा।"

रेंगटा ! रेंगटा माने गधे का नया जन्मा बच्चा। बालकिशन का माथा चढ़ गया। यह साली तो ज्यादा ही चढ़ गई। अपने सामने किसी को कुछ नहीं समझती।

अम्मा छाती पीटने लगीं, "हाय हरजाई तो तू बाहिरी भी हो गई। इराम-गिराम सेवक जी से आँखें लड़ाती है। मैं कहूँ कि इतनी बातें भोरी बाबरी सीलो बेटी कहाँ से पढ़ गई !" अम्मा ने मुँह बिगाड़कर एक बेहद भद्दी गाली दी, जिसमें शीलो का संबंध सीधा गधे से जुड़ा हुआ था। कुछ कसर बाकी दिखी, सो पूरी की, "उस गिराम-सेवक खसम के संग ही भाग जा बेड़िनी। मेरे बच्चा का पीछा छूटे।"

बालकिशन इस बात की कल्पना करते ही औंधा हो गया।

रेंगटा ! रेंगटा कहना शीलो के मुँह से कितना अच्छा लगता है ! जैसे वह बुरा नहीं मान रहा, शीलो भी दिल से नहीं लगा रही अम्मा की बातें। बालकिशन से आँखें लड़ाकर वह मुस्करा पड़ी और अम्मा से मखौल किया, "अम्मा जी, एक बेटा का पीछा छोड़ूँ कि दोनों का ?" बात का मरम नहीं समझ पाया, क्योंकि वह तो शीलो पर मोहित हुआ खड़ा था।

शीलो की तिरछी मुस्कान ! इस मुस्कान पर ही तो चिरगाँव के बैंक बाबू ढेर हो गए थे। शीलो ने प्यार से गाल ताना था बालकिशन का, समझाया था, "ओ रेंगटा, अम्मा के खीसा में रुपइया भर-भरकर कुछ न पाओगे। माँ की महिमा चोर-चकार नहीं मानते। छिन जाएगी सारी दौलत। ऊपर से मोह-ममता में गोती खाती बूढ़ी...पुलिसिया भइया ही निथार ले जाएगा रकम। अपनी मेहनत की कीमत जो नहीं जानता, उसे लोग भी नहीं चीन्हते। हमारा भइया सदा बैंक में रखता है कौड़ी दाम। आई कुछ समझ में ? हाथ झाड़कर करो मइया की अरदास। हम भी तो देखें, फिर कितना दुलारती है तुम्हें। बिना

परसाद चढ़ाए तो मढ़िया की देवी भी खुश नहीं होती, भलें मुस्कराती रहें।''

शीलो के रूप का ही नहीं, ज्ञान का दास है बालकिशन।

''भाई बालकिशन, तुम्हारी घरवाली तो लाखों में एक है। सौ मास्टरनियों की एक मास्टरनी।'' बैंक बाबू ने उसके कंधे पर हाथ धरकर कहा था। साँवली शीलो को देखकर जगमगा उठा बालकिशन। मुस्कराकर सोचा, 'साला बैंक बाबू चोर निगाह शीलो की देह पर सरका रहा था बार-बार। शीलो के संग उसे भी चाय-पानी को पूछा। दसियों बार मना करने पर भी ठंडी लस्सी मँगा दी। सींखचों के बाहर खड़े आदमी झिड़क दिए।

अम्मा को पता चले, तो बैंक बाबू के साथ भाग जाने की बात मिली हुई गाली देंगी शीलो को। बेकार बकती हैं अम्मा। बालकिशन किसी राजकुमार से कम नहीं, यह दीगर बात है कि शीलो जैसी रानी को अम्मा और भइया के शिकंजे से उसने सेवक का रूप धरकर छुड़ाया है।

प्यार में पागल बालकिशन तो रिश्तों का बोध भूल गया। नहीं तो माँ और भाई के बारे में ऐसे सोचता ? एक दुरात्मा बूढ़ी, दूसरा बर्बर राक्षस ! गाँव के लोग एकमत होकर कहते हैं—साला बलुआ सिर्री हो गया है लुगाई के मोह में। जाति-बिरादरी छोड़ी, भाई छोड़ा, अब बूढ़ी माँ से घर-द्वार, खेत-खलिहान छीनकर शीलो के हवाले कर दिए—कमजोर मर्द। डुकरो चारों धाम तीरथ करे कि काशी करवट ले जाए, किसे परवाह है ?

अम्मा बालकिशन का पाजामा खींचकर पूछने लगी, 'काय रे, अब तीरथ भी क्या यह छिनार ही कराएगी। इसी से माँगेंगे खर्चा-पानी की भीख ?''

''शांत अम्मा, शांत।'' उसने अपने होंठों पर उँगली धरकर इशारा किया। ''शिऽ...शीलो सुन लेगी। फिर नतीजा जानती हो !''

शीलो इतनी ओछी नहीं कि माँ-बेटा की गुपचुप बात में खामख्वाह अपने-आपको शामिल कर ले। शांत स्वभाव से इतना ही बोली, ''अम्मा जी, खर्चा-पानी की बात तो बेकार ही कर रही हैं, असल में तो उनके भीतर दूसरी चाखी...''

''चाखी ! कौन सी चाखी ?''

''बड़े बेटे को खेती का हिस्सा। हमसे बात करें, तो समझा दें कि तुम्हारे बेटे ने भाँवर डालकर हमें जिंदगी से बेदखल कर दिया, तब क्या कोरट-कचैरी भी उसके अमले में हैं कि कानून से खारिज कर दे ? हमने यह जानकारी

जुटा ली, तो अम्मा अदावत पर उतर आईं।''

शीलो का कितना दिल दुखाया है अम्मा ने, शायद उन्हें पता नहीं शीलो ने उनके बदले, भइया के बदले बालकिशन को झटक-झटककर बेहाल कर दिया था। आधी रात तक पाँव सहलाता रहा, न कुछ बोली, न आगे बढ़ने दिया। अंत में बोली, ''सो जाओ अब, इन लोगों की बात चित्त नहीं धरती मैं, पर रोज-रोज मुझे उखाड़ने के जतन, क्या मैं समझती नहीं ? किसी का भी मगज फिर जाए।''

बालकिशन अपना-सा मुँह लेकर रह गया। उसके मन में तमाम रसभरी बातें और शीलो को खुश करने के सपने थे--दूध की नदियाँ बहाऊँ, आसमान के तारे तोड़ सकूँ...पर शीलो के जलते-झुलसते व्यवहार ने सब कुछ सुखा-सोख डाला। पहली बार तो उसके मौन का हथियार ही खंड-खंड काट देता है बालकिशन को। ऊपर से अम्मा का हठ कि दिन के समय कोठे में घुसा, तो जान दे दूँगी। अम्मा शीलो के बदले का सम्मान भी बालकिशन से वसूलना चाहती है। जुबान पर ताला डाले दिन-भर काम में खटता रहा।

शीलो पलिका पर कैकेयी के कोप-वेश में पड़ी थी।

बालकिशन अम्मा की आँखें बचाकर बिल्ली की तरह बेआवाज कोठे में घुस गया।

जो देखा, दिल धुकधुका उठा उसका। चंपादास बैद की बात याद आई--औरत दिन के समय सुस्त, उदास और चुपचाप लेटी हो, तो समझ लो--अनिष्ट योग। वनवास और दशरथ-मरण जैसी विपत्तियाँ !

देवी शीलो की यह हालत ?

पलिका पर बैठने के लायक खुद को नहीं समझ रहा बालकिशन। धरती पर ही बैठ गया। अपने-आप ओढ़ा अपमान ज्यादा आग पैदा करता है--आखिर इस घर की दशा ऐसी हुई कैसे ? एकदम काया-पलट ! बालकिशन देवर से वर क्या हुआ, हथबँधा गुलाम हो गया। अम्मा की बूढ़ी, लेकिन अनुभवी और कर्री हथेलियों के बीच से सरक गया अनुशासन ! ऊपर से दिन-रात के नखरे ! यह औरत आखिर चाहती क्या है ? यही हाल रहा, तो एक दिन लक्ष्मण की तरह वह नहीं, शीलो ही छोड़ आएगी वन में बालकिशन को।

दूसरे बेटे का भी देश-निकाला...अम्मा भी कितने दिन जी पाएँगी फिर ? वह हौसलेमद घोड़े की तरह मुँह उठाकर खड़ा हो गया।

...लेकिन पलिका की ओर रेंगा केंचुए की तरह...शीलो की दहाड़-फटकार से नहीं डरता, बीसियों मरखनी गायों को खूँटे से बाँधा है बालकिशन ने...लेकिन शीलो का विमुख हो जाना...उसकी जीते-जी मरण। क्षण-क्षण अलट-पलट होती है उसकी मनोदशा।

धीरे से पाँव का तलवा छू लिया।

"मुझे मुँह नहीं देखना इस डुकरिया की औलाद का।"

बालकिशन घबराकर पीछे हट गया। खड़ा रहा देर तक, क्या करे अब ? अंत में हौसला बाँधकर पाँव पकड़ लिए, "शीलो, अम्मा का बेटा हूँ। माना मैंने लेकिन सुमेर भइया की तरह कमीना नहीं। दोनों को एक खूँटे से बाँध ?" कहते-कहते गला भर आया। खूब जान रहा है कि अपनी ही कमजोरी पर रोने वाला है वह। यह शीलो की गालियों का क्षोभ नहीं।

जो आदमी की मनोकामना न पहचाने, वह औरत ही क्या ? शीलो सही मायनों में पहचानती है बालकिशन को। वह अपनी स्त्री को छूकर बात करना चाहता है, ज्यों उसके परस से सारे ताप खत्म हो जाते हों। दिन-भर की थकावट दूर हो जाती हो और मन का कसैलापन...

देवी की तरह भुजाएँ फैला दीं शीलो ने। बालकिशन आगोश में समा गया। अपने-आपको ढीला छोड़ता चला गया।

थोड़ी देर के अरस-परस के बाद ये स्त्री-पुरुष के अंतरंग क्षणों का चरम था।

बालकिशन मदहोश-सा, आँखें मूँदे हुए...

"ऐऽऽ, चेत में आओ।"

"ऊँऽऽ," वह ठुनका।

"सीधे लेटो पहले।"

लेट गया बराबर में।

"सुनो ! छोटी बहन कांता, कब से यहाँ आने को ललकती है। अपने भइया का व्यौहार तो तुमने देखा ही था, बंदूक की गोली-सा...ठाँय-ठाँय। सो हम कह नहीं पाए कि बहन, हमारी ससुराल चल। जहाँ अपना ही गुजारा न हो, वहाँ...अब सोच रही थी कि कांता आ जाती। सच्ची, इस घर में तुम्हारे

सिवा हमारा कोई नहीं।''

बालकिशन ने शीलो की गर्दन पर होंठ रख दिए। उसने क्या कहा है, ध्यान से सुना ही नहीं। जो कहा होगा, पूरा करेगा। वह तो कर्ज पर कर्ज चढ़ाए चली जा रही है !

अनजाने ही, बस कहने के लिए कह बैठा, ''अम्मा से पूछ लूँगा कल।''

गफलत मिलौनी आदत !

शीलो ने झटककर एक ओर पटका।

''अम्मा ! अम्मा ! तुम दूध-पीते बच्चा हो क्या ? अम्मा जरूर मान जाएगी इस बात को। रोज तो मेरे बाप-भाइयों की ठठरी बाँधती है, जैसे वे ही लील गए इसके बड़े पूत का हिस्सा।''

लताड़ ! बालकिशन को नया ज्ञान प्राप्त हुआ कि अब जो भी काम करना है, अकेली शीलो के संग योजना बनानी है, तीसरा कोई नहीं।

बड़ी मुसीबत, खेतों की कटाई होनी है। लोग मजूर जुटाने में जी-जान लगाए हैं, बालकिशन कांता को लिवाने के बारे में सोच रहा है।

शीलो हर रात याद दिलाती है, ''सच्ची, हमारी माँ का माथा ऊँचा हो जाएगा भौजाइयों के बीच। जब न तब टोला मार देती है हमारी अम्मा को कि बेटी त्यागी छोड़ी, तुम जैसी भी बात करती हो ? जैसे अम्मा का ही कसूर हो इसमें भी। तुम पहुँचोगे, तो देखेंगी तो सही कि शीलो राजरानी है। राजा को भेजा है बहन लिवाने।''

राजा ! बालकिशन पुदीना के पेड़ पर चढ़ा हुआ। धिक्कार रहा है खुद को, अब तक कांता को नहीं ला पाया, तारे तोड़ने और पहाड़ काटने जैसी बातें सोचता है !

दिशाशूल था उस दिन, जिस दिन कांता को लिवाने गया था।

चलायमान चित्त की लड़की, बड़ी बहन अमावस, तो कांता पूरणमासी। पूरणमासी पहली बार बहन की ससुराल आई थी। अपने यहाँ बाप भाइयों का दबदबा, भौजाइयों की निगरानी, माँ की नेक सलाह के चलते सिर झुकाकर घर में बंद रहना पड़ता था।

जीजाओं के बीच अपने को पाया, तो सारे बंधन टूट गए। आजादी की

खुशी में जीभ रपटती, देह मचलती।

जिज्जी का लाड़, लड़की मुखर हो गई। दो-चार दिन के बाद ही नए काट का सलवार-कमीज और मैच करते दुपट्टे की फर्माइश। फिर क्या, दुपट्टा छाती छोड़कर गर्दन में लिपटा रहता। बेधड़क मुहल्ले के दौरे पर निकलती अतर लगाकर।

गंध ऐसी उड़ी कि कल तक जिन गलियों में अगले पाँवों में मुँह डालकर कुत्ते ऊँघा करते थे, वे अचानक जागृत हो उठीं। कांता के पाँव की पाजेबों की रुनझुन पर अनेक जीजाओं के कान खुलने लगे।

बालकिशन को ताज्जुब हुआ कि दस बार बुलाने पर भी न आने वाला सत्ते अब घर के आठ चक्कर काटता दिन में। रात में कितने, बालकिशन कैसे बता सकता है ? जबसे बिरादरी की पंचायत हुई है, सुमिरन से बोलचाल नहीं। कल खुद ही 'राम-राम' कर रहा था और बोला, "यार बिरादरी यहाँ गाँवों में ही चलती है। साले एक पाँत के नदीदे। पाँत से क्या बात बदल जाएगी ? कोशिश करूँगा, अब इस बात को खतम करें।"

बालकिशन अचरज के सिवा और क्या कर सकता है ?

अम्मा को शीलो झिड़क देती है, तो क्या उनका अनुभव खत्म हो गया ? जमाना देखा है, और देख ली सत्ते के हाथ में वह मोमिया थैली, जिसमें पाउडर का डिब्बा और क्रीम की छोटी-छोटी शीशियाँ...

अम्मा ने हल्ला कर दिया निडर होकर।

शीलो भला सुनकर बैठ जाए ? अपनी बहन के पवित्र चाल-चलन पर कीचड़ उछालने वाली अम्मा को 'गलीच-बुढ़िया' नाम देकर मामला एकदम खारिज कर दिया।

माना कि बालकिशन मूकदर्शक बना रहा, लेकिन उसने यह नहीं माना कि कांता शीलो की बहन है, तो शीलवती भी है, क्योंकि हाथ कंगन को आरसी क्या ? अम्मा ने एक पुर्जा चुपचाप पकड़ा दिया था बालकिशन के हाथ में। हालाँकि वे बिना पढ़ी हैं, लेकिन भाँपने की शक्ति अपार है उनके पास। बालकिशन ने पढ़ा—

'दुपट्टा लाख सीने पर सँभालो, कब सँभलता है,
अकेले का नहीं, दो सरकशों पर जोर चलता है।'

सत्ते एक नंबर का लुच्चा। स्कूल के दिनों में इधर-उधर से कविता

टीपकर लड़कियों के नाम पर चिट्ठी में लिखकर भेज देता था। ये लाइनें भी उसकी नहीं, किसकी हैं, बता सकता, तो बता देता बालकिशन। शायद गुस्सा के मारे भूल गया—सत्ते ब्याहा-ठियाहा बैल, लड़की फाँस रहा है।

यह बात सत्ते की अम्मा के पास पहुँची, जाहिर है अम्मा की ही मार्फत। माँ आखिर माँ होती है, बचाव पक्ष अख़्तियार किया बेटे के लिए, "शीलो की बहन गुड़ की डिंगरिया (डेली) नहीं, सो गपक लेगा सत्ते। हमारे लड़का से बेरुत फाग खेल गई। कहती थी—जीजा, चुरियाँ पहनकर बैठ जाओ। इस गाँव के जवान लड़के तो सालियों को भी बहन मानकर राखी बँधवा सकते हैं। हमारी सत्ते की बहू तो बिलात (बहुत) बातें बता रही थी, पर जिसके धिय नहीं, उसके देहरी। अपने मुँह से न कहूँगी मैं।"

विमली जिज्जी ठीक समय पर बात को ताव देती हैं, "रंडी हथेली पर सूरजमुखी धरे फिरेगी, तो बारी के भौंरों का क्या दोस ? लो, हमने तो पूरी चीरहरन लीला नहीं, चीर खुद ही उतार फेंकते देखी है।"

अम्मा दाँत घिस-घिसकर रह रही थीं। बालकिशन को आँखों ही आँखों में खातीं।

शीलो के तरकश में एक ही राम-बाण काफी है, जिससे वह अम्मा को किसी भी मोर्चे पर धराशायी कर सकती है।

"मेरी बहन का हँसना-बोलना कसक रहा है माताराम को, और अपना बेटा लुगाई पर लुगाई बदल रहा है। कांता के कारन सत्ते की जनी रोटी-पानी त्यागे बैठी है, तो बैठी रहे। सत्ते उसका खसम है, तो क्या जीजा भी है ?"

शीलो की ऐसी नीचता अम्मा मरते-मरते बर्दाश्त नहीं कर सकतीं। तुरत उठाकर मारा जवाब, "अकेला सत्ते नहीं, गली भर के जीजा नौत रही है यह छछूँदर। अगहन महीना में क्वार मास...कुतिया। बालकिसन, इसको इसके घर पहुँचा बेटा, हमारा घर बेसाखाना नहीं।"

शीलो कूदकर आई अम्मा के सामने, कमर पर हाथ धरकर बोली, "देखें, कौन निकालता है ?"

कांता सिसक-सिसककर रो रही है।

बालकिशन एक ओर ले गया उसे। पीठ पर हाथ फेरकर चुपाने लगा। दिलासा देता रहा। लड़की चुप हुई, तो उसने मान लिया कि अम्मा की कर्कश वाणी की भरपाई हो गई। शीलो का गुस्सा भी शांत हो जाएगा धीरे-धीरे।

कांता दिल की बुरी नहीं, अच्छी लड़की है। चंचल होना गुनाह तो नहीं।

शीलो का पूरी तरह हाथ बँटाती है कामकाज में। अम्मा का क्या, कान की कच्ची हो चली हैं बुढ़ापे के चलते ! भड़क उठती हैं। कटनई और खलिहानों के दिनों में घर में जितने लोग हों, उतने ही कम। शीलो खलिहान में लगी रहती है, तो घर का काम कौन करे ? कांता से बड़ा सुभीता है।

अम्मा को जानता है बालकिशन, शीलो से पैज बँधी है, सो लड़की दुश्मन लगती है। यह शीलो की बहन न होती, तो सत्ते की अम्मा और बिमली जिज्जी को उल्टी टाँग लेतीं अम्मा।

बालकिशन ने ऐसी बातें सोचकर अपना मत कांता के पक्ष में कर लिया...

कांता बालकिशन की पसंद-नापसंद का ध्यान करके दाल-साग बनाती है। बालकिशन को इस छोटी सी लड़की के बनाए खाने में ही नहीं, हर बात में रस आने लगा है। दूसरे के घर हँसी-खुशी रहना। अम्मा की आँखें बचाकर बात करने का अभ्यास है उसे। अम्मा का क्या, शीलो से बदला लेने की खातिर ही निशाना दाग देंगी कांता के ऊपर। वह कांता को कांता के लिए नहीं, अम्मा से शीलो के लिए बचाता है।

"जीजा, डाबर आँवला तेल ला दोगे ?" डरते-डरते पूछा कांता ने।

कांता को क्या पता कि बालकिशन की स्थिति इस घर में क्या है ? वह नहीं ला सका डाबर आँवला केश तेल ! यह बात अलग है कि चंपादास बैद से मँगवा दिया।

कांता के घने काले बालों से उठती हुई महक ! घर घेर लिया सुगंध ने। बालकिशन लंबी-लंबी साँसें भरता है। शीलो के चलते उस गंध पर चंपादास का नाम लिखा है।

"जीजा, अँगूठा पट्टा की चप्पल ?" झिझक खुल गई कांता की।

अक्ल का पिटारा किसे कहते हैं ? कोई देखे बालकिशन को। रघु के पिता जी ले आए अँगूठा पट्टा की चप्पल। अम्मा के सामने वाली बात है। लड़की ने अपने बटुआ में से रुपए निकालकर दिए थे। बटुआ में रुपये कहाँ से आए ? यह अनुत्तरित प्रश्न ज्यों का त्यों पड़ा रहा है। रघु के पिताजी ने कांता को पुकार कर चप्पलों का डिब्बा थमा दिया।

"जीजा, फ़िल्मी किताब ?" दसवीं पास कांता ने जिद की खुलकर।

रघु के जरिए हो गया इंतजाम। लड़की का दिल बहल जाएगा, नहीं तो अधबीच ही छोड़ जाएगी खलिहान।

कांता जीजा के कपड़े रिन से रगड़कर धोती है। पाजामा में टिनोपाल लगाती है और रघु के घर से माँग कर इस्तिरी कर देती है। कांता जम गई घर में।

शीलो मुहल्ले की औरतों को विजय-भाव से देखती है, जिन्होंने कांता के बहाने से शीलो को उखाड़ना चाहा था।

जीवन में क्या घट जाए, सुर नर मुनि भी नहीं जानते, चंपादास कहते हैं।

उस दिन शीलो न रोई, न चिल्लाई, बर्तन-भाँडे भी उठाकर नहीं पटके और न कैकेयी की तरह कोपभवन में गई। हाँ, कांता की चुटिया पकड़कर आँगन में घसीट लाई।

उसे छोड़ बालकिशन की कमर पर तीन-चार लात जमा दीं।

हैंऽ ! हैंऽ ! वह सिटपिटा गया।

''रंडी भड़ुआ।''

गनीमत है, अम्मा घर में नहीं थीं, लेकिन अम्मा होतीं, तो यह वारदात भी नहीं होती। शीलो ने क्या देख लिया ऐसा ? कांता खाना परोस रही थी। बालकिशन नहा-धोकर उजले कपड़े पहने आसन पर बैठा था।

थाली लेकर लड़की आई, सामने धर दी। वह खाने लगा। यह खाना खत्म होने के समय की बात है—कांता जिद करने लगी, झिझक खोलकर बोली, ''तुम्हें मेरी कसम है जीजा, एक कौर मेरे हाथ से...''

कसम तोड़ना ! वह भी शीलो की सगी बहन की कसम। बालकिशन के बस का नहीं।

पता नहीं, उन सुनहरे पलछिनों में कांता के सेवा-भाव पर इतना प्यार क्यों आ गया कि जैसे ही लड़की ने उसके मुँह में ग्रास दिया, बढ़कर कांता को चूमने लगा बालकिशन। बिलकुल छोटी बच्ची समझकर। चूमता गया, जरा ज्यादा देर तक।

शीलो की अपनी बात। उसने जिस रहस्य को भेदा, उसके चलते बालकिशन जघन्य अपराधी और लड़की की मिलीभगत थी। अपनी सफाई में कुछ न कह सका वह। कांता तो बहन की पिटाई खाकर रोए जा रही थी।

कहने को बहुत कुछ है बालकिशन के पास, मगर शीलो सुने, तब तो। क्या वह इस बात को सुन लेगी कि शीलो तुम्हारी बहन को देखकर तुम याद आ गई थीं मुझे। पीपल तले एक-दूसरे को ग्रास खिलाना ! कि उसकी वय और रूप देखकर ऐसा लगा, जैसे तुम हो, जो ब्याहकर आई थी और मैं मँडराता रहता था तुम्हारे आसपास। तुम ऐसी ही तो थीं, बस तनिक साँवली। कि बता दूँ—पुरुष स्वभाव, जो बंधन मानता नहीं, खुद को काबू में नहीं रख पाया। मुझे नियंत्रण रखना चाहिए था—यही तो तुम चाहती हो, फिर भी वह गुड़िया याद है, जो ब्याह के समय दी थी मुझे, अब भी रखी है कहीं। यह लड़की उसी गुड़िया-सी, या कि यह कहो तुम्हारी बहन है गुड़िया का दूसरा रूप !

बालकिशन के दुख की सीमा नहीं। जिस कांता को शीलो की दिली इच्छा पूरी करने के लिए लाया था, कि जिसकी फर्माइश पर चतुराई से डाबर आँवला तेल, अँगूठा पट्टा की चप्पलें और सिनेमा की किताब देकर फूला न समाया था, कि जिस लड़की ने पूरे तीन महीने नौकरानी की तरह काम किया, उसे प्यार के अतिरेक में चूम लिया, तो कौन सा गुनाह हो गया ? उसने ऐसा अपराध कर डाला, जिसकी सजा में कांता रीते हाथों, अपमान लादकर बिदा कर दी जाएगी।

शीलो ने घोषणा कर दी। अब न अम्मा को कुछ कहना पड़ा, न पड़ोसिनों को।

"शीलो, इतनी भी जल्दी क्या...?" वह हकलाता सा बोला।

शीलो ने कोई जवाब नहीं दिया। आँगन में खड़े-खड़े ही देखा भर—बालकिशन की आँखों में दो पैनी सलाखों से सूराख कर डाले...

अंधा आदमी गुहार करने से बाज नहीं आता, "शीलो, मेरी ही गलती सही। जो सजा देनी हो, खुशी से दे देना। लड़की को बेइज्जत करके न भेजो। तुम तो कह रही थी सलवार सूट का कपड़ा कि धोती-साड़ी...पहली बार आई है, तुम्हारी माँ, भाभियाँ क्या सोचेंगी कि हम इतने टुच्चे..."

"भाड़ में गई मेरी माँ। खाक पड़े भौजाइयों पर और कफन डालो इस बहनियाँ के ऊपर। रड़िया मेरे ही घर डाका देने आ गई ! और ऐसा ही तू। कुत्ता की जात जीभ लपलपाकर पिछियाने लगा। थू !" शीलो ने पिच्च से थूक दिया।

बालकिशन के चलते आसमान टूट पड़ा। धरती फट गई। वह जलकर खत्म हो गया या समा गया धरती मइया के आँचल में ? पाप की गठरी लादे शीश झुकाए खड़ा आदमी, आदमी तो नहीं रह जाता। कांता कुँआरी कन्या...महापातक।

चंपादास बैद ऐसे पातक के बन पड़ने पर सात दिन भागवत सुनने की सिफारिश करते हैं...लेकिन शीलो के दरबार में न बालकिशन को माफी, न कांता को।

अम्मा का पूरे पैंतीस साल का तजुर्बा है घर की मुख्तारी करने का। शीलो उनसे मोर्चा लेना चाहती है। माना कि अम्मा ने समय की नजाकत देखकर गोदाम किबड़ियों की चाबी पर अपनी उँगलियाँ ढीली कर दी हैं, तब क्या शीलो जीत लेगी ?

कांता को पहुँचाने के लिए बालकिशन जाए, शीलो को एकदम मंजूर नहीं। एक बार झिझक खुले पर औरत-मर्द में पर्दे की गुंजाइश कहाँ ? रघु के पिता जी को भेज दिया साथ। उन्हीं के हाथों सलवार-सूट का कपड़ा और अच्छी-सी दिखने वाली साड़ी खरीदवा ली थी। और दिन होता, तो बालकिशन से सलाह-मशविरा कर लेती, पर अब तो वह पुरुष पाप ढो रहा है। कपड़ा-लत्ता के संग विदा नहीं करेगी, तो सौ संदेह उठाएँगी भौजाइयाँ। शीलो कौन-कौन से छेद मूँदे।

बाजार से आया कपड़ा विकृत मुँह बनाकर एक झोले में ठूँस दिया। साथ ही ईर्ष्या और घृणा से देखा कांता की ओर, बोली, "हरजाई भौजाइयों के मुँह पर जूता-सा मारना न होता, तो तुझे चिथड़े पहनाकर भेजती। अब देख लेंगी भाभियाँ कि शीलो राज राजेसुरी है कि नहीं ?"

रघु के पिता जी कांता को पहुँचाकर लौटे भी नहीं थे कि घर में महाभारत मच गया।

अम्मा का पहला हमला बालकिशन पर—

"बेटा, पारसाल की अरसी के पइसा टका गए, जहाँ गए। अब की राई तो चार दिन पहले ही आई थी खलिहान से। बेंच डाली ? बेंच दी, तो उसकी रकम ?"

"अम्मा, शीलो रुपइया घर में कहाँ रखती है ? सब बैंक में..." कांता क्या गई, बालकिशन सिर्री हो गया। बैंक वाली बात अम्मा से...शीलो मूँड़ में हड़िया मारेगी।

"भरमाओ न लला, मुझ बूढ़ी को धोखा..."

दुखी बालकिशन, सबका दोषी है। अम्मा का शीलो पर बस नहीं चलता, उसे ही आगे करके जंग जारी रख रही हैं।

चुप्पी पर निर्विघ्न वार किया जा सकता है, अम्मा जानती हैं, लेकिन उन्होंने बाहर की ओर कोठे की तरफ झाँक लेने की सावधानी नहीं छोड़ी। आश्वस्त हो गईं। शीलो कहीं नहीं है, तब कहा, "यह लुगाई घर घूरा किए दे रही है। बताओ, दो-दो जोड़ लत्ता कपड़ा। पाँव में पैंजनी। सुमरिन की बहू को दिखाकर गई है, वो कंतिया। हाय मट्टी के माधो, मेरा मुकद्दर फूटा।"

बालकिशन किस-किस दुख से उबरे, झल्ला गया। पूछ बैठा, "अम्मा, मैं अपने मन की कर पाता हूँ कभी ? यह बताओ कि मिट्टी का माधो किसने बनाया मुझे ? मैं तो खुद ही दिन काट रहा हूँ।"

कोई संतोषजनक उत्तर न पाकर माँ का मुँह लटक गया।

...लेकिन जल्दी ही सँभल गई बूढ़े सिपाही की तरह, जो ताकत नहीं रहते हुए भी हौसला बरकरार रखता है। तभी तो सिंहनी के तेवरों वाली शीलो को सुना दिया, "बहन, बेटियों की विदाई तो सब करते हैं धोती-कपड़ा से, यहाँ साली-सरहजों की पहरावनी..."

शीलो की पहली-सी सहनशीलता कहाँ, तभी मामला आर-पार कर दिया, "बूढ़ी हड्डी कड़ी हो जाती है, सुना है हमने, पर बूढ़ा दिल भी ऐसा पत्थर कि भूलकर भी न पसीजे। लड़की पूरे तीन महीने चाकरी करके गई है। मैं अलग भइया बेटा की नौकरी उठा रही हूँ। इतना भी हक नहीं है कि दो लत्ता दे सकें। बिना दाना-पानी पाए तो भैंस-गाय भी दूध नहीं देती। हम उनसे भी गए-गुजरे...साली क्या गाली होती है ?"

अम्मा बड़ी हिम्मत से कड़ुआपन पी गईं।...लेकिन इस ठंडेपन के अपने ही खतरे हैं। कोई बड़ी जंग न हो पड़े ?

वही हुआ। अम्मा मैली धोती पहनकर ढोर वाली बखरी में जा बैठीं।

बिना झाड़ी-बुहारी धरती और अन्न-पानी का त्याग, अनशन के ही ये लक्षण हैं। कैकेयी के जमाने से चली आ रही स्त्री-सत्याग्रह की परंपरा...अब

उसका बाजा बज जाएगा। अम्मा प्रण की पूरी और मन की पक्की हैं। भूख-प्यास की साधना करना छठी से ही सीख लेती हैं औरतें।

करने के लिए उम्रदार सखियों ने अम्मा की विनती-चिरौरी की कि खैनी-तंबाकू से क्या बैर ? पर मजाल है कि छालिया का कनूका तक जाने दिया हो मुँह में।

बालकिशन को डर है--कहीं दौरा न पड़ जाए। मुहल्ले में खबर फैल गई। दर्शन को आने लगे स्त्री-बच्चे-बूढ़े जवान।

अम्मा से बैठा नहीं गया या बैठने से अनशन में हल्कापन आ जाता है, अतः वे कूड़ा-मिट्टी में ही लेट गईं।

शीलो पच्चड़ औरत है, सत्याग्रह को नाम दिया—स्वांग !

बूढ़ी सखियाँ सकते में आ गईं। दरअसल यह अनशन कई मुद्दों को लेकर था। कांता जो कपड़े ले गई, उसके विरोध के अलावा बुढ़वर्ग और युवा वर्ग के टकराव का भी सवाल था। उसी के मद्देनजर रखते हुए पड़ोसन काकी बोलीं, "देख तो इस कठकरेज बहू को, अंधेर मचा रही है सरासर। चार दिना लड़का की बगल में क्या सो ली, घर-बार लूटने पर तुली है ! इस जादू से मतारी का दूध खारिज नहीं होता, हाँ। इसका न्याय तो कोरट-कचैरी तक में नहीं।" कहकर काकी ने बूढ़ियों के गोल घेरे में लेटी अम्मा की ओर देखा। सही निशाने पर चोट करने के लिए शाबाशी-भरी नजर से नवाजा अम्मा ने।

इस प्राकृतिक दलील पर बहुओं को बेदखल कर दिया जाए, यह बात शीलो की बर्दाश्त के बाहर थी, लेकिन इस समय वह घर में थी। खबर पहुँचाने वाली बिमली जिज्जी को उसने वापस भेज दिया। तुरत लड़ने भागा...चला जाना अपने वजन को हलका करना है।

कूड़ा डालने गई थी शीलो, कूड़ा फेंकने के बाद मानो कड़वी बातें भी फेंक आई विरोधी दल पर, "बेटा, ब्याहे पीछे बूढ़ी माताओं की छातियों का दूध टपकने लगे, तो कोरट-कचैरी इसका क्या न्याय करें ? बुढ़गति पाकर भी तुम नहीं समझीं कि यह दूध विस ही बनेगा।"

शीलो ने ये बातें ठंडी तासीर में कहीं, मगर वृद्धाओं के चेहरे भभक उठे।

गाँव तो गाँव है। लोगों पर तरस के सिवा कुछ था नहीं, जाहिर है तरस कमजोर को ही बाँटा जाएगा। शीलो पर लानत बरसने लगी।

"डुकरो प्रान तज देगी। माता की हत्या—ब्रह्म हत्या। कलंक लगेगा।"

बालकिशन मतिशून्य की तरह बैठा रहा ढोरवाली बखरी में। शीलो के हाथ जोड़ना चाहता था कि माफी माँग ले अम्मा से। गाँव से कोई लड़ सका है ? अम्मा बूढ़ियों की नहीं, गाँव की इज्जत हो गई हैं। फिर तू कितने मोर्चों पर लड़ेगी आखिर !

वह कुछ कहता, शीलो ने पहले ही पैंतरा बदल दिया।

"कहाँ हैं रघु के पिता जी ? नहीं मिलते, तो रघु को ही लिवा लाओ कोई। चले जाएँगे हमारे गाँव और लौटा लाएँगे वे साड़ी-सालू। कांता की जिंदगी नहीं काट देगा इनका लिया-दिया। दोनों गाँव में पता तो चल जाएगा कि शीलो किस ओछी टुच्ची सास के संग निभा रही है ?"

शीलो ने यह घोषणा की कि सन्नाटा छा गया भीड़ में।

अम्मा की आँखें अब तक बंद थीं, भूख के कारण, मटर की फली-सी खुल पड़ीं। मुँह फटा का फटा रहा गया। बहू के पास हथियार भी था, अम्मा ने सोचा न होगा।

बालकिशन को यह बात काट कर धर गई। अम्मा को कहाँ लाकर मारा है इस औरत ने ! जिंदगी भर घर को सँवारती रहीं अम्मा, उनसे छिपाकर कुछ होगा, तो बोलेंगी ही...लेकिन इसने तो अम्मा को ही नहीं, पूरे गाँव का बोल बंद कर दिया।

सत्ते की अम्मा आपसी बहस-मुबाहिसे में कुछ भी कह लें अम्मा से, इस बेइज्जती पर तिलमिला गई। गाँव की बात गाँव से बाहर जाएगी ? अपने पर ही बस चलता है आदमी का। वे अम्मा को ही डपटने लगीं, "हैऽऽ, बालकिशन की अम्मा, तुम इतनी अपस्वारथिन तो नहीं। तुम्हें लड़ना भी नहीं आता। कह दो, मेरी ओर से दो जोड़ी और भिजवा दे। मरती-गिरती नहीं हूँ मैं। तेरे पूरे पीहर की पहरावनी कर दूँगी, हाँ।"

अम्मा की लकीरों-भरी बूढ़ी पलकों के नीचे लबालब बाढ़ जमा हो गई। वे अब किसी दिशा में देखने के काबिल नहीं। उनकी निगाह अब एक ही जन पर टिकी हुई है, वह है बालकिशन।

कमाल है कि उसने जो सोचा था, वह जो कुछ अम्मा की ओर से कहना चाहता था, सत्ते की अम्मा ने कह दिया—

"सीलो, सास के बुढ़ापे की कितनी ही थुक्का फजीहत कर। गाँव

आनगाँव डंका बजा, पर इतना तो तू भी जानती होगी कि इस बूढ़ी डुकरिया ने तेरी बहन के कपड़े उतारने नहीं चाहें। तू हाथ पकड़कर मना ले जाती, बस इतनी ही लालसा जोड़ी होगी। बेटी, वह भी इस मारे कि अकारथ होती जिंदगी को थोड़ी-सी कदर मिल जाए। लगे कि हम भी जिंदा हैं अपने बाल-बच्चों के लिए...पर तैने तो विसात ही पलट दी। तू कैसी समझदार है री ?"

शीलो की समझदारी, सिर झुकाए सुनती रही सत्ते की अम्मा की बात।

अम्मा भी शीलो का अनकहा भाव समझ गईं। खुद ही कुहनी का सहारा लेकर उठने लगीं।

वह अम्मा को लेकर चला। शीलो लपकते कदमों से घर पहुँची। कोठे में खटिया बिछा दी। गद्दे पर चादर-तकिया। तमाशबीन छँट गए।

बालकिशन श्रवण कुमार है और शीलो पूतना !

अम्मा को घर लाकर भी बालकिशन का मौन नहीं टूटा। कई जोड़ी आँखों में शीलो के प्रति प्रशंसा के भाव थे भीड़ में। अम्मा लम्हे-लम्हे सिकुड़ती चली जा रही थीं। माँ की मूर्खता की हद तक साफगोई को धूर्त शीलो जैसे रेशा-रेशा खोलकर दिखाने में आनंद पाती है। अम्मा को दिलासा दे, तो किस मुँह से ? शीलो के तो पास बैठने तक का मन नहीं।

शीलो चौक में रोटी-साग बनाती रही, वह पौर में बैठ गया अकेला।

अम्मा के लिए थाली परसकर ले गई और जिद कर-कर के खिलाने लगी, तो दो क्षण के लिए वह शीलो के प्रति कृतज्ञ हो गया।

शीलो को सबके मिजाज का पता रहता है। वह जानती थी कि मतारी ढोर वाली बखरी में से उठ आई है, अपनी इज्जत की खातिर, शीलो पर एहसान नहीं किया। लोग हो-हो हँसते। बात ही ऐसी थी। और बालकिशन चिढ़ा बैठा है। इस पर कि कपड़ा लौटाने की बात कहकर लोगों के बीच हमारी माँ को टुच्ची साबित क्यों किया ?

दोनों को मनाए उसका कुदका (ठेंगा) एक थाली रोटी से ज्यादा कुछ नहीं। आँतें ऐठेंगी, तो अपढारे खाओगे।

"ओ बालकिशन।" अम्मा की मरियल-सी आवाज पर वह फुर्ती से

उठ बैठा।

रात हो आई, अपनी खटिया अम्मा के पास डाल ली। अकेली अम्मा घबरा रही हैं, तभी न पुकारती हैं बार-बार।

शीलो ने आते-जाते में सुना दिया—कोई घाव लगे हैं क्या, कि रात भर माछी-मच्छर उड़ाओगे ?

उसने बात आई-गई कर दी। मुस्तैदी से गद्दा-चादर बिछाने लगा। लोटे में पानी लेने आया था कि पकड़ लिया हाथ—अच्छी चार रोटी खाकर सोई हैं। अन्न का नसा भी कुछ होता है।

वह घायलमन अम्मा को किसी कीमत पर नहीं छोड़ेगा।

बालकिशन माँ की बराबरी में लेटा गाँव से संबंधित तमाम बातें करता रहा। सुमेर भइया का भी जिक्र लाया, अम्मा का बोल बंद हो गया। बड़ी मुश्किल से बोली, "सुमेर सच्ची में सिपाही है, इस औरत का दाँत तोड़ता रहता था।"

अम्मा के मुँह से पुत्र-प्रेम नहीं, शीलो के प्रति घृणा बोल रही है, जिसके चलते वे किसी भी ऐसे आदमी को श्रेय दे सकती हैं, जो शीलो का मान-मर्दन करे। ढोर वाली बखरी से उठ आई अम्मा, लाचारी की ऐसी भारी गठरिया लाद लाई हैं, जिसके बोझ तले दबी जा रही हैं। और बालकिशन हलका करेगा, उन्हें संदेह है।

कैसे हलका करे ? शीलो की पायल छनक रही है। उसका हर संकेत पहचानता है—नींद नहीं आती शीलो को अकेले में। और फिर जब से कांता गई है, तब से तो और भी ज्यादा लिपटा-चिपटी...खुद को दो अंगुल ऊँचा करके देखने लगा—बुलाने दो, नहीं जाना। वह तो अम्मा का हाथ थामे बैठा है।

शीलो की छोटी-सी खाँसी ! अपने-आपको कसा बालकिशन ने।

शीलो सीढ़ियाँ उतरकर नीचे आ रही है। जलधरा की ओर मुड़ गई। वह प्यासा है, गला खुश्क लगने लगा...लेकिन उठा नहीं। अपने हठ के चलते खुद को शाबाशी दी—चंपादास बैद के चलते ऐसा ही होता है योगी।

शीलो फिर से ऊपर तो गई। लेकिन अपनी पाजेब की एक-एक झनक उसके कानों के हवाले कर गई। झुककर अम्मा को गौर से देखा बालकिशन ने—कुप्पी की रोशनी में उनके होंठों के बीच से निकलती—फूऽ फूऽऽऊ...

सच्ची में ही अन्न का नशा, गहरी नींद में हैं अम्मा। दो दिन बाद भरपेट रोटी मिले, तो ऐसे ही विकारमुक्त सोता है आदमी।

उसे लगा, जैसे अब उसका कर्त्तव्य पूरा हो गया, जो उसने जल्दी से जल्दी संपन्न किया।

ऊपर को नजर गई, शीलो कहीं न थी। खफा हो गई ? हो जा साली। कौन परवाह करता है। माना कि तू लोगों के सामने कमान की तरह झुकी हुई, लेकिन झुकी हुई कमान में से छूटता तीर। अम्मा की हालत ? उसे शीलो के न होने पर क्रोध आया।

न सो रहा है, न जाग रहा बालकिशन। फिर भी एक सपना देख लिया—झपकी में ही बहुत छोटा सपना—शीलो आई है, हाथ पकड़कर उठा रही है।

भोर का सपना नहीं, आधी रात का सपना फला है उसे। शीलो के गाल पर ठोड़ी फिराता हुआ सुखसेज पर मचल रहा है। ठोड़ी के गुदने को जीभ से प्यार कर रहा है। नंगी पीठ पर हाथ फिसल रहे हैं। शीलो की दिलफरेब अदाएँ ! बिना माँगे ही हाजिर कर देती है मनचाही सौगातें ! सौगातें ! छातियाँ खोल दीं शीलो ने। बालकिशन के सिर को अपनी गदबदी हथेली का सहारा देकर दो नारंगियों के बीच...मक्खन के लोंदों पर रपट रहा है उसका बायाँ गाल। झरबेरी के रस भरे दो बैर होठों से किलोल कर रहे हैं। मदहोश आदमी को क्या पता कि वह कहाँ से कहाँ तक की यात्रा तय कर चुका ? अमृत या विष पीकर मतवाला हुआ मनमानी कर रहा है। अमृत-दूध-रस !

अम्मा का ख्याल आया यकायक। निद्रा नहीं, तंद्रा भंग हुई। यह खट्टा किसने खिलाया ? झरबेरी के सभी बेर पके नहीं होते। उसने अनजाने ही दाँत गड़ा दिए। शीलो जोर से कराही, गाली भी दी—ओ तेरी सत्यानास हो जाए।

फिर भी नहीं मान रहा वह। दाँतों पर जोर देता जाता है—शीलो दर्द से बिलबिला उठती है, उसे आनंद आता है—बूढ़ी को मनाने जाएगी मेरी जूती। भूखी मरेगी, उसके भाग्य में यही बदा है—अब इस घर में उसका क्या हक ? शीलो की ये बातें नहीं, विष बुझे सरिए, उसके कानों के पर्दों को फाड़ रहे हैं।

शीलो ने आँखें मूँदकर चित्त लेटे ही लेटे पूछा, "राजा, क्या हो गया। इतनी बेदरदी से..." उसकी पीठ पर शीलो ने इस तरह हथेली फिराई, ज्यों

चिड़िया के पंखों की फुरहरी हो। फुरहरी में बड़े-बड़े काँटे ! बिफर पड़ा बालकिशन–यह औरत के रूप में असुरनी है। माया के योग से हमारे घर आ गई है। किसने भेजा है इसे ? सबको मिटाने पर तुली है और बालकिशन को अपने रसभरे स्तन दिखलाती है–पूतना। वह बध कर डालेगा।

बहशी की तरह चबा चूसने लगा।

शीलो चिंघाड़ी अबकी बार। खूब चिंघाड़। हमारी सुनने वाला कोई नहीं, तो तुझे बचाने वाला भी कौन है ? क्योंकि बहला-फुसलाकर तू खत्म कर रही है हमें।

नहीं छोड़ेगा वह। जोंक की तरह चिपक गया, जो भीतर ही भीतर खून पी जाए।

नीचे से पूरा दम लगाकर धक्का दिया शीलो ने।

बालकिशन लुढ़ककर पलिका के नीचे जा गिरा।

"खबरदार, जो मुझे छुआ भी। पागल सिर्री हो गए हो क्या ?" शीलो फनफनाकर उठी और कपड़े पहनने लगी। उसकी साँस तेज चल रही है, पीठ हिल रही है–बालकिशन का माथा खाली-खाली होता जा रहा है, जिसमें न शीलो, न अम्मा...

कांता का ब्याह !

आदमी-औरत के बीच पिछले-अगले मलाल रहें, तो चल गई जिंदगी। मायके में ब्याह का जलसा हो, तो शीलो की उमंगें कहाँ छोर पाएँ ? हँसी-खुशी के नाम पर उसकी जिंदगी उपवासों पर चल रही है। सदा से हिंडोले पर झूलती हुई कुआँ और खाई के बीच। कौन कहाँ पटक दे, शीलो खबरदार रहने को मजबूर।

सबसे पहले बालकिशन को ही बताया जश्न के बारे में। सुनते ही बालकिशन पर पहली प्रतिक्रिया यह हुई कि उसकी देह का एक-एक रोम खड़ा हो गया। ठंड-सी लग आई। उसने बात पलट दी–चंपादास बैद को एक दिन जिंवाना है। कह रहे थे–शीलो खाना अच्छा बनाती है।

"चंपादास बैद ! खाना खाएँगे ?" वह चौंकी।

"क्यों, तुम्हें बनाने की फुर्सत नहीं ?"

शीलो ने स्वर को लय दी और मीठी धार धरकर चंपादास को घास की तरह उखाड़ने लगी, "बिरादरी से छिके-निकाले गए लोगों के घर पंडित मुँह जुठारेगा ? बड़े जुलम की बात है। खाने का इतना ही चाव था, तो पंचायत में बोलते कि शीलो ने पाप नहीं किया है। क्यों डाल रहे हो जात में से ? बालकिशन की क्या खता है कि नीची निगाह से देख रहे हैं सब। यही कि मरती हुई भाभी का हाथ थाम लिया ? यही कि शीलो ने उस भगोड़े पुलिसिया का रुतबा नहीं माना। अपनी देह अपना मन मतलब कि भीतर से उठती आवाज को सुना।"

"यह बात किसी ने नहीं कही। तुम्हारे परम गुरु चंपादास उस दिन न चिरगाँव गए थे, न झाँसी। बेशक मौजूद थे गाँव में, पंचायत में। हमारे लिए तो अच्छा ही हुआ, ढोंगियों को खिलाने-जिंवाने का झंझट गया।"

बालकिशन ने कांता वाला प्रसंग बचाने के लिए चंपादास को दृश्य में उपस्थित किया था, शीलो ने बिसात ही उलट डाली। और आज्ञा के लहजे में बोली, "सुनो, कांता के लिए एक बढ़िया साड़ी, अच्छे दामों की। कनफूल भी चाहिए ही। बड़ी बहन हूँ आखिर तो। हाँ, अपनी अम्मा को यह खबर देते जाना, नहीं तो रंग में भंग मचा देगी बूढ़ी। आज ही चले जाओ चिरगाँव।"

बालकिशन थका हुआ आया था खेत से। चार मजूरों के साथ कंधे से कंधा मिलाकर काम किया है, अब यह फरमान...वह जानता है कि वे घड़ियाँ भी पुरानी बातें हुईं, जब शीलो किसी अपनी बात को अँधेरी रात में कोठे के बीच पड़े पलिका पर उसे बाँहों में भींचकर कहती थी। तरह-तरह की मुद्राएँ आसन बनाकर उसे काबू कर लेती थी। अब ऐसा कहाँ कि छाती खोलकर बालकिशन को रस में डुबोए...शीलो की झिझक खुली, मुँह खुल गया, दिमाग खुला, हुकुम चलाने लगी।

अम्मा की इजाजत वाले डरावने बहाने ने ढोर वाली बखरी में गोली मारे कुत्ते की तरह दम तोड़ दिया। अधिकारों का अतिक्रमण...बालकिशन किताबी भाषा में सोचना चाहता है, कि किताबों में लिखे सूक्त वाक्यों से ही कोई बल मिले...लेकिन इस समय मुकम्मल दोहा-चौपाई कि कोई दमदार कहावत...याद आते-आते फिसल जाती है जीभ से। चंपादास बैद ठीक कहते हैं—विपत्तियों के चलते बुद्धि का नाश।

"सुनो, अपने लिए नई चाल की पैंट-कमीज, संग में वायल का कुर्ता, लट्ठे का पाजामा नहीं, टेरीकॉट का बनने लगा है—गुड़ी-मुड़ी नहीं पड़ेगी। याद करके आज ही। आज ही, दर्जी हालऊँहाल न दे देगा।"

"मैं क्या करूँगा जाकर ?" बालकिशन हकलाता-सा बोला।

"नखरे मत पसारो। अब न जाओगे, तो कब जाओगे। फिर ? तुम्हारे भइया ने हमारे मायके वालों के संग में कसर नहीं रखी। उनका दिया दहेज हजम कर गए, लड़की फेंक दी—बेकाम की करके। अब तुम भी...अच्छा !"

धमकी ! शीलो धमकी नहीं देती, बहुत कुछ कर दिखाती है। रोना तो इसी बात का है। क्या भइया का खूँखारपन इसने अख्तियार कर लिया है ?

"जीजा हो, ब्याह के कामकाज पूछो सो कुछ नहीं, कांता के शर्मीले यार की तरह खड़े हो। मन का चोर नहीं बढ़ने देता आगे, पिछली बात याद आ रही होगी। अरे, मारो परे उस बात को—राजा की रानी तो मैं ही रहूँगी ?"

राजा ! इतने ऊँचे आसन पर बिठा दिया शीलो ने ! अंदरूनी भय के कोहरे छँटने लगे।

शीलो की नरम बोली पर झूमने लगता है। यही उसकी सबसे बड़ी कमजोरी है। अब तक का सोचा छार-छार हो गया। शीलो पाँवों पर सिर धरकर मनाएगी, तब भी नहीं जाऊँगा उसके मायके। कांता को पहुँचाने रघु के पिताजी गए थे, वह असहाय, दोषी, कलंकी-सा खड़ा रह गया था। यह भूल जाने की बात नहीं। पाप-बोध ऐसा जगाया था कि सड़क पर जाकर मोटर तले कट जाने की बात सोचता था। मर जाता, तो किसको ले जाती अपने बाप का दामाद बनाकर ?

और आज फिर उमंग में नाचने लगा। शीलो के बूढ़े माँ-बाप पर रहम आता है, जिन्हें भइया ने सदा ही बूटों ही ठोरों (ठोकरों) पर गिना। चंपादास बैद हर शादी के समय कहना नहीं भूलते—बेटी का बाप—नाथा हुआ बैल।

"मेरे बाप जँवाई का एक पइसा तक नहीं छुएँगे।" मुस्कराकर कहा शीलो ने।

"बाप नहीं, तो तुम खरचवा लो, हम तो हाजिर हैं।"

"मैं ! मैं क्या लूँगी ?"

"जो हुकुम मेरी जान।" मेरी 'जान' शब्द बालकिशन ने कब से संजोकर रखा था, किसी ऐसे ही झरने से बहते हुए क्षण के लिए।

शीलो ने अजब-सा मुँह बनाया, "हाय, स्वाँगिया ! यह बोली कहाँ सीखी ? दारू-मारू पीने लगे क्या ? हमारा भइया नसा में भाभी से ऐसी ही सरापी बोली बोलता है—मेरी जान। बोलते-बोलते रोने लगता है। भाभी बिचारी को तो अब 'मेरी जान' सुनते ही दौरा पड़ जाता है।"

बालकिशन हँस पड़ा। कितने दिनों बाद खुलकर हँसा है वह। शीलो मुद्दतों बाद जो शरमाकर बोली है। तन-मन की आजादी महसूस करते हुए बालकिशन ने शीलो की ठोड़ी के गुदना पर उँगली धरकर बाँकपन से पूछा, "मेरी जान ! बता दो कि क्या ? बिना लिए तो आऊँगा नहीं। अच्छा रहे कि तुम अपनी पंसद..."

शीलो की आँखों में पुतलियाँ नहीं, आसमान में जड़ी तरइयाँ चमचमाईं।

शहर से आई मास्टरनी, सुमिरन की बहू और अपनी छोटी भाभी को खूबसूरत मानती है शीलो; और सब के ऊपर वह नटिनी कांता। बाल बिरमचारी, लँगोट के पक्के और मरजाद के धनी बालकिशन का आचरन पलट डाला। अपनी आँखों के सामने से उसी दिन हटा दिया था, पर रड़िया काँटे की तरह गड़ी रही करेजा में। शीलो ने एक बार बहन को देखा, तो सौ बार खुद को। आखिर क्या कमी है उसमें ? क्या ज्यादा लगा है कांता में ? हर बार एक ही तस्वीर बनती आँखों के आगे, दो उठान-भरी छातियाँ। गली के लड़कों ने चिट्ठी में उतारी थी उसकी छातियों की आरती। बलकिसना भी गुनगुनाने लगा संग-संग। शीलो की अपनी छाती कुढ़-कुढ़कर छार हो रही है ! वह किसे बताए कि बहनियाँ ही दे गई दगा...

सुमिरन की बहू झूठ नहीं कहती—मास्टरनी पूरे पैंतीस बरस की है, लगती है अठारह-बीस से ज्यादा की ? शीलो ने गर्दन झुकाकर अपना जायजा लिया, बलुआ मर्द है। सो वारी का भँवरा भी बन गया। ठठरी बँधे कली बनने की कला भी मेरी समझ में आ गई, जाएगा कहाँ ?

वह नई छोकरी की भाँति शरमाती हुई निगाहें झुकाए हुए आई बालकिशन के पास। उसके कंधे पर हाथ धरकर खड़ी रही दो क्षण। दो सुंदर संतरा ! तस्वीर-सी आ-जा रही है आँखों के आगे।

"ले आना। वही, जो मास्टरनी बिलौज के नीचे...बॉडी। नहीं समझे ? अँगिया, अँगिया," हाथ से इशारा करके कहा और लौकी की बेल-सी लिपट गई बालकिशन से।

कंधे पर सिर धरे हुए ही कहा, "नाप भी मालूम है कि ऐसे ही ? दुकानदार को क्या बताओगे ? रात के समय मिलने वाला आदमी अँधेरे का मालिक। दिन में बातचीत करें, तो अम्मा !...उनकी इज्जत मान में डंक..."

"पगली ! ऐसी बातों में क्या रात, क्या दिन ?"

शीलो ने सलूका उतार दिया, नाप दिखाया, नपवाया। बालकिशन ने नीबू-नारंगी की कई नस्लें देखी हैं, इस बगिया की सैर आज। देह के कितने रूप हैं ? कितनी कहानियाँ हैं ? कितनी मुद्राएँ, कितने आसन ? हर बार एक नई गैल।

नई प्रकृति...

बगिया में नहीं, बजरिया में लुट रहा है बालकिशन।

चिरगाँव के बिसाँइती जादूगर हैं। बाँध रहे हैं उसे, अँगिया पर अँगिया छोड़े जा रहे हैं, बेशरम। इन मर्दों ने जनानी बातें रट-घोंट लीं ? नहीं तो इतना कैसे रम गए, जैसे अँगिया नहीं, औरत की देह बेच रहे हैं। बालकिशन भी क्या उन्हीं के चंगुल में नहीं फँसता चला जा रहा है ? अँगिया को शीलो की देह से जोड़कर देखता है बार-बार। और आँखों के आगे लाल-सफेद, हरे-काले आम संतरों की लाइनें।

रंग में भंग किसने डाला, अचानक हमला-सा ?

आयोडेक्स ! गोड़ के दर्द की दवा। रात भर गोड़ पिराता है बेटा, पिराता नहीं, कटता है। रघुआ के बाप ने एक सीसी दी थी, जो अब तक पुँछ गई।

"जरूर ले आऊँगा, अम्मा। एक नहीं, दो शीशी, जड़ से कट जाएगा दर्द।"

खाँसी का शर्बत। उसी समय अम्मा को सीनफोड़ धसका लगा था, हलका सा दौरा भी...जब-जब बालकिशन कहीं जाने को, खासकर बाजार जाने को निकलता है, अम्मा की देह में रोग बिफर पड़ते हैं। अम्मा के मुँह पर छीटें मारती हुई शीलो ने सीधे हाथ से छाती का आकार बनाकर सिर हिलाकर मना का इशारा दिया था—अँगिया नहीं, देख रहे हो बूढ़ी का हाल। बालकिशन भी घबरा गया था, यह बात है !

"बाबू बालकिशन कहाँ खो गए ? यह देखो नाइलॉन नेट। भाभी को

पहनी हुई महसूस तक न होगी। इलास्टिक फिटिंग—एकदम देह के माफिक। जितना शरीर, उतनी ही तन जाएगी—निशान-मिशान का नाम नहीं। ले तो जाओ बालकिशन जी, दुआ दोगे, दुबारा आओगे।''

दुकानदार की बातें कि खील मखाने ! बालकिशन भीतर ही भीतर खिला जा रहा है।—छोड़ो नाइलॉन नेट। यह देखो सूरजमुखी ब्रेसियर। देख रहे हो, हू-ब-हू सूरजमुखी ! दो अलग-अलग फूल। पीले रंग की अँगिया सजा दी थड़े पर।

लंबी-लंबी साँस ले रहा है वह। लंबी साँस जब टूटी, तो पूछ बैठा, ''तुम्हारे यहाँ आयोडेक्स मिलेगा ?''

''क्या बात करते हो यार ! कबाब में हड्डी ! यह आयोडेक्स कहाँ से आ गया ? बात कहाँ से कहाँ फेंक दी—यह देखो फोम वाली। छूकर देखो हाथ से। हमें तो ग्राहक संतुष्ट पहले करना है, माल बाद में बेचना है। आ गया न मजा ? हाथ में सुरसुरी दौड़ रही होगी। एक और खासियत—इसे पहनकर दुबली से दुबली, मरियल से मरियल औरत भी अपनी जवानी का डंका बजा सकती है। बुरा मत मानना मेरी इस बात का। जो सच है, सो कह रहा हूँ। उसी की ठीक उल्टी यह खाली रेशम, दोहरी देह की औरत फोम पहनने का शौक करे, तो क्या होगा ? यह बनी है उन्हीं भारी बदन वालियों के लिए, जो डटकर खाती हैं, आराम फरमाती हैं। अँगिया भी बिचारी दुख नहीं देती, ना चीज की तरह पड़ी रहती है, मगर पूरा वजन सँभाले हुए। यह ऑटोमेटिक, लैस कमूरों की बहारदार। निकालूँ ?''

बालकिशन अपनी पच्चीस साला जिंदगी में ऐसा मतिशून्य कभी नहीं हुआ। वह चंपादास क्या, चंपादास के पुरखों की संगत में सोलह जन्म काट चुका होता, तब भी इस ज्ञान से वंचित रह जाता। जिसके चमत्कार ने कील दिया है उसकी बुद्धि को।

''बोलो तो बालकिशन जी। दाम-वाम की फिकर तो नहीं कर रहे ? अरे, वह हमारे ऊपर छोड़ो। चीज कहीं दूसरी जगह जा रही है ? घर की सी बात है। तेज महँगी के चक्कर में दिमाग मत खपाना। कसम रोजी-रोटी की, नफा कमाना होगा, तो दिन भर पड़ा है। बोहनी का वक्त है। सौदा देकर लक्ष्मी मइया के चरणों में सबेरे का प्रणाम चढ़ाएँगे। बोलो, कौन सा रंग दूँ ? गुलाबी, पीला, सफेद या लाल ?''

"लाल !" बालकिशन का पता भी नहीं चला कि क्या बोला है उसने।

"बिलौज का फीस मिले, तो लाल रंग का लाना," शीलो की महीन आवाज से मेल खा गया क्या उसका फैसला—लाल। प्यार के मारे बालकिशन के मन में उसी क्षण एक आशंका काँटे की तरह करकराने लगी—लाल रंग...कहीं मइया की दी हुई सुनहरे गोटे वाली लाल साड़ी से मिलान तो नहीं किया जा रहा है ? शीलो का क्या ठीक ?

दुकानदार ने लाल अँगिया बिछा दी आँखों के सामने। बालकिशन की कल्पना-शक्ति गजब की है। शीलो अँगिया पहने खड़ी है उसके सामने। वह फूलों की घटिया में उतर गया।

चलते-चलते बस-स्टैंड के नजदीक आ गया।

कोई बस नहीं थी उस समय, पर वह अपनी धुन में मगन शीलो की दुनिया में समा जाना चाहता है जल्द से जल्द।

बस का हॉर्न—पीईं पीईं...बालकिशन के कानों में नहीं, दिल में बजा है। वह छाती ताने लपक रहा है बस की ओर।

...आयोडेक्स ? सत्यानाश ! गजब !

शरबत...?

लौटो बालकिशन, मैया खाँस रही है। उसका गोड़ पिरा नहीं रहा, कट रहा है। अम्मा कराह-कराह कर पुकार रही है—बेऽऽटा रे...

पाँव को उलटी दिशा दी उसने, मगर होनी का मारा आदमी अपने हिसाब कुछ नहीं कर सकता। सब कुछ होनी के बस में...बस की खिड़की से एक आदमी ने पुकारा—जीजा ! ओ बालकिसन जीजा जू !

बालकिशन थमा। थमकर देखा। देखकर गौर किया...अरे ! यह तो शीलो का भाई है ! कांता का छोटा भइया ! बातें हो जाएँगी, चलो।

आवाज और भागने की गति का अंतर पाटकर बस पकड़ ली उसने। चलती बस पर चढ़ गया। सीट खाली कर रखी थी लड़के ने। वह हाँफता हुआ बैठ गया।

"ब्याह की तैयारी ?" साँसें थमने से पहले ही पूछ लिया।

सब ठीक है। पानी पिओगे ? बोतल है मेरे पास।

बालकिशन प्यासा भी है, और बदहवास भी—पूरी बोतल पी गया। कंधे पर पड़े अँगोछे से मुँह पोंछता हुआ शांत-सा हो गया। ताजगी लग रही है

है अब उसे। ससुराल की बातें छिड़ीं। कांता के विषय में पूछते-पूछते लगा कि वह बस में नहीं बैठा, विमान में उड़ रहा है। दर्जी के जो कपड़े डाले हैं, मन ही मन उनमें लैस हो गया—कांता के सामने खड़ा है, वह मुस्करा रही है। शीलो ने झपट्टा मारा—पराई अमानत पर डाका ! पापी।

पिछली सीट पर बूढ़े बाबा खाँसे—खस्स-खस्स।

बालकिशन में अब इतनी हिम्मत नहीं थी कि पीछे मुड़कर देख भी ले। बल्कि गुस्सा खा गया बूढ़े के ऊपर—रोग-ब्याधि है, तो घर में खटिया बिछाकर लेटें। बस-मोटर में दूसरों का सफर क्यों खराब करते हो ? खर-पतवार कहीं के। बालकिशन हरियल फसल की कल्पना में डोल रहा है।

आज की यात्रा की शुभसायत का क्या ठिकाना ? शीलो ने क्या खिलाकर भेजा था ? हाँ दही-गुड़। खुशी में झूमता आया है अपने दरवाजे तक।

घर के द्वार से लगी बैठी हैं अम्मा ! ऐंह—खरपतवार !

अम्मा को देखते ही पेट में तितलियाँ फड़फड़ाने लगीं। तितलियाँ तो छोटी चीज हैं—महीन पंखों वाली। चमगादड़ें उधेड़ रही हैं पेट का भीतरी भाग।

आँखें चुराकर निकल जाना...नहीं निकल पाया। आयोडेक्स, खाँसी का शरबत।

लाचार होकर अपने ही हाथों अपना सिर ओखली में दे दिया बालकिशन ने। और ठान लिया कि मूसर मार अम्मा। कुचल दे इस नालायक बेटे का सिर, जैसे देवी मइया कर देती है खलों का संहार और हो जाती है नरमुंड पहनकर खड़ी। तू चाहे भी, तो माफ नहीं कर पाएगी मुझको। जैसे मैं नहीं बख्श पा रहा खुद को। शीलो चुड़ैल—घर से, गाँव से, धन से, तन से और अब मेरे मन से भी खारिज करती जा रही है तुम्हें। माँ, कहीं यही तो संहारिनी देवी नहीं, जो हमारे ऊपर सवार हो गई है? यह एक को ताकत से पछाड़ रही है, दूसरे को प्यार से, इसका सामना कोई कर पाएगा या नहीं ?

इस समय मैं मायाविनि शीलो के चंगुल में...उसका चाकर...मेरे दोष मत गिनना माता। तू ही तो कहती है—दोष उसके गिने जाते हैं, जो जानबूझकर गलतियाँ करता है।

अम्मा दवा के बारे में न पूछकर बोलीं, "क्या बात है बालू ? तू खड़ा ही खड़ा...आ, यहाँ बैठ मेरे पास खटिया पर।"

बालकिशन झटपट झोला पौर की खूँटी पर टाँग आया—अँगिया का पैकेट रखा है, अम्मा टटोल न लें।

सावधानी बरतने के बावजूद उसका चेहरा सफेद पड़ गया माँ के सामने।

"तू खोया-खोया सा...जी तो ठिकाने है ?"

वह मन-ही-मन सौगंध खा रहा है, सवेरे ही चिरगाँव जाऊँगा, सबसे पहले आयोडेक्स, शरबत की शीशी। माँ के रोग दूर भाग जाएँगे।

बालकिशन अम्मा की बराबरी पर बैठकर बात नहीं करना चाहता। नीचे बैठ गया, खुरचने को धरती तो है—सिर झुकाए रहने का बहाना।

शीलो जैसे गौने को आई हो—दादरा गुनगुनाती हुई रोटी बेल-सेंक रही है चूल्हे की बगल में बैठी। उसे इस छवि से चिढ़ हो रही है। देखना नहीं चाहा।

अम्मा के लिए थाली परोसने जाना ही पड़ा चौके में। आज उसे अम्मा के साथ बैठकर खाना है।

शीलो पतली लकड़ी से टैनकर मुस्कराई बालकिशन की ओर। उसने चेहरा घुमा लिया।

खाना खाकर बालकिशन ने अपनी चारपाई अम्मा की खटिया से भिड़ाकर बिछा ली। अम्मा के चेहरे पर खुशी छलक आई—बेटा, मुद्दतों बाद फुर्सत से बातचीत करेगा। खेतों को लेकर अड़ोस-पड़ोस के बारे में चर्चा और भलाई-बुराई करते-करते अम्मा अघा अफर नहीं रही। एक बात खत्म होतीं, दूसरी का छोर उठा लेतीं। कुप्पी के पीले उजाले में माँ के चेहरे पर सुनहरी रौनक थी। जैसे बीता वक्त लौट आया हो, जब बालू छोटा-सा था। फिर कहाँ दवा, कहाँ खाँसी का शरबत।

बालकिशन माँ के पाँव दबाने बैठ गया। माँ चौंककर उठी, जैसे कोई अनहोनी हो रही है। ऊपर से शीलो पनारे पर बैठी बर्तन माँज रही है। डर-सा उठा अम्मा की आवाज से, साक्षात डर। "छोड़ दे बालू, अकबकाई लगती है।"

अम्मा के भीतर का डर ही उसे ताकत दे रहा है—खूब दबाऊँगा, रोक ले कोई ? यह जरूर है कि दवा ले आया होता, तो इतनी हौसलेदार भक्ति नहीं करता।

अम्मा घबरा-सी रही हैं, "शीलो कोठे में चली गई, तू ऊपर जाकर

सो जा।"

"नहीं, मैं यहाँ सोऊँगा, तुम्हारे पास।"

हैंऽऽ ! माँ को विश्वास नहीं हुआ।

हालाँकि वह बराबर कहती रहीं कि जा बालू, जा बेटा। जा बालकिशन...लेकिन जिस तरह से उसके बालों में उँगलियाँ फँसाए सिर टटोल रही थीं, उससे तो लग रहा था, माँ कह रही हैं—मैं कितना प्यार करती हूँ तुम्हें बेटा...लापरवाही करने पर भी सजा नहीं देना चाहती।

बालकिशन, चार-पाँच साल का अबोध बालक। माँ थपकी दे-देकर सुला रही हैं। कह रही हैं—भोर जल्दी मत उठना। आज भागा-दौड़ी रही—हार-थक गया होगा। रंडी कंतिया का ब्याह न हो गया, हमारे ही पूत के पाँवों का जंजाल। इसी का पइसा दीख रहा है सब को, बाकी सब कंगले।

अम्मा क्या-क्या कह रही हैं, अधनींद में सुन रहा है वह। चिरगाँव के दुकानदारों ने चाँय-चाँय करके उसका सिर खा लिया। आयोडेक्स अलग सिर पर सवार थी, ऊपर से अँगिया का नशा...बालकिशन लस्त होकर सो गया। खर्राटे लेने लगा।

सपना !

शीलो का सपना आया आधी रात। पास सोई शीलो ! अचानक बूढ़े, कड़ी हड्डी वाले कटकटे हाथ का तमाचा पड़ा बाएँ गाल पर—तड़ाक्।

बालकिशन पूरा-का-पूरा झनझना उठा।

"ठट्ठर बँधे जू। नास हो जाए तेरी बलुआ...हट ! हट परे।"

"धुआँ सुलगे हट तो सही। छोड़ !"

अम्मा की आवाज में शीलो गाली दे रही है ?

वह जो कुछ कह रहा था, रफ्तार बढ़ाकर फिर करने लगा।

"नास गए मो बूढ़ी को सीलो...कलजुगी, लुगाई की इतनी ही सार लगी है, तो यहाँ काए को सोया था ? कंस, तैने मेरे सलूका के बटन तोड़ डाले।"

बालकिशन हड़बड़ाया, उठकर बैठ गया।

आँखें खोलकर देखा, तो यह समझ नहीं पाया कि यहाँ अम्मा कहाँ से आ गईं ? वह तो पास वाली खटिया पर सो रहा था, अब तो वह खटिया खाली है। अम्मा की चारपाई पर किसने सुला दिया ? कैसे आया ?

अम्मा को अपना चेहरा कैसे दिखाए, काटो तो खून नहीं।

अभी तक भी आँखों के सामने शीलो की देह...यह गलती पर गलती, माँ हरगिज माफ नहीं करेगी।

"जाता है कि नहीं यहाँ से ?" माँ बरस रही हैं।

कहाँ जाए ? ऊपर ? ऊपर गया, तो शीलो फाड़ खाएगी। रात से ही भुखियानी शेरनी की तरह उसकी बाट देख रही होगी। वह कहीं नहीं जाता। धरती मइया, तुम दे दो अपने बीच ठौर...बुरे दिन आ गए हैं मेरे। माँ के साथ ऐसा कुकर्म, कलंकी हो गया मैं। पूरी उम्र मंदिर महादेव ढारूँ, तब भी भरपाई नहीं कर पाऊँगा।

अपनी ही नजरों में गिरा हुआ बालकिशन तरह-तरह की सजा तजबीज कर रहा है। घुटनों में मुँह दिए हुए भी अम्मा के सामने नहीं बैठ पाया। साँप कीड़ा की चिंता किए बिना पौर के कोने में धरती पर जा पड़ा। नींद क्यों आती ? माँ तो अपनी इज्जत बचाने की गुहार लगा रही थी उसके मन में। कपूत, धिक्कार है तेरे नरतन चोले को।

भोर का कागा बोला न था, वह उठ बैठा। उठा और नहा डाला।

भीगे लँगोट में गया था देवी के मंदिर—माँ, कोड़ा मारो इस पापी को—कहना चाहता था।...पर देवी माता भक्त की बात न समझे, तो उसका सत्त ही क्या ? बालकिशन मूर्ति के पास पहुँचने से पहले ही बेहोश होकर गिर गया। न जाने कब तक पड़ा रहा देवी के चरणों में ? चंपादास मंदिर में पूजा करने न आते, तो न जाने कब तक पड़ा रहता ? शीलो, तू कहाँ ले जाकर मारेगी...?

दिन-भर शीलो के पास नहीं गया।

रात में माँ के पास जाने की हिम्मत नहीं पड़ी।

न जाने किस अज्ञात शक्ति ने डोर डालकर नीचे से ऊपर खींच लिया। कोठे में पहुँच गया झोला लटकाकर। शीश झुकाकर खड़ा हो गया।

कल का प्रसंग भुलाकर नई शुरुआत करना चाहता था बालकिशन।

...लेकिन कनखियों से देखकर यह भाँप गया कि शीलो उसी की कुटम्मस के इंतजार में बैठी है। पलिका पर चढ़कर। नहीं तो ये तेवर ? तेवर क्या बोली मारी निडर होकर—

"कन्हैया जू, मइया के पालने में से उठाकर फेंक दिया या दूध चौंखते से छुड़ा दिया ?"

बालकिशन अँगिया वाला झोला टाँग रहा था खूँटी पर, हाथ बीच में रोककर शीलो की ओर देखा। देखा ऐसे, जैसे खा जाएगा।

शीलो सहम-सी गई। उसकी निगाह झोले पर चिपकी हुई थी।

आगे आकर बोला, "सुनो, मुझे ऐसी दिल्लगी पसंद नहीं।" स्वर संजीदा था।

शीलो ने हथेली पर हथेली मारी, "हाय, देखा तो, गोबर-गनेस आदमी का गुस्सा ! अम्मा के लिए तो कुछ नहीं कहा हमने ?"

"मत कहो, फिर भी हर गाली माँ-बहन की ही तरफ जाती है।" बालकिशन दाँती पीस रहा था कि अपने अपराध-बोध को पैना करके शीलो के वजूद को काटना चाहता था। शीलो का हाथ इतना कसकर पकड़ा, जैसे उसकी जकड़ लोहे की संसी की पकड़ हो।

"उई हत्यारे ! छोड़ ! हमने तेरी अम्मा की..." आगे की भद्दी बात खुद ही समझ ली बालकिशन ने और तड़ाक्-तड़ाक् दो-तीन तमाचे जड़ दिए पूरी ताकत और हिम्मत के साथ, "साली, अम्मा को गाली देती है। बोल, अब बोल।"

"खूब बोलूँगी। रोक तू। एक रात में ही अम्मा ने ऐसा मलीदा खिला दिया कि तेरी जवानी..."

जवाब में लात-घूँसे बरसा रहा है बालकिशन। बहुत देख लिया इस कुतिया को। लिहाज करते-करते थक गया। ताबेदारी...साली, हर समय सवारी गाँठती है।

"मारो। और मारो, तुम मतारी-बेटा जान से मार दो मुझे, लेकिन इतना समझे रहना कि अब मेरा बाप पहले वाला नहीं रहा। कांता के ब्याह को छोड़कर तुम दोनों को सूली न चढ़वा दे, तो नाम फतेह सिंह नहीं।" यह बात शीलो ने रोकर नहीं, सोच-समझकर, आवाज साधते हुए कही।

कुछ देर बाद ही आँखें डबडबा आईं शीलो की। स्वर भीगा-भीगा-सा...

"अरे हौलू ! जोरू के संग जमीन मिल गई और जमीन के संग साथ मैं जुतने वाली लुगाई...तुम हो कि एक चीर लत्ता की धौंस में मार-पीट...मैं तो कुहनी तक हाथ जोड़ती हूँ, इस घर का कुछ नहीं चाहिए, कुछ भी नहीं। आक थू।"

पत्नी की तरह रो रही है शीलो। बालकिशन के कान आँसुओं से

लबालब हो गए। खारा पानी गले में उतारता रहा। फिर घबराकर चिल्लाया, "मैं क्या करूँ ? क्या हुआ..."

"करो कुछ नहीं। यह करो कि अपनी मतारी को बड़ी-बूढ़ी की तरह रहना सिखा दो।"

"कैसे रहती है बड़ी-बूढ़ी ?"

"पौर में खटुलिया डालकर। कान-आँख-जीभ जुबान पर अंकुश लगाकर।"

"शीलो, हर बात अम्मा पर मत डालो। अम्मा की इंद्रियाँ कीलने वाले को भगवान भी माफ नहीं करेगा।"

शीलो रोकर बोली, "हमारा करम खोटा न होता, तो मिलती राँड़ सास। बूढ़ी अपने खसम की याद में बेटे पर पहरा देती रहती है।"

"फिर वही बात। मैं कहता हूँ कि गुस्सा न दिला।" वह चीखा।

"मैं गुस्सा दिलाती हूँ।"

"एक बात कान खोलकर सुन लो श्रीमती शीलो देवी, यह घर अम्मा का है, वे कहीं भी तखत बिछाए, हम-तुम बोलने वाले कोई नहीं।"

"भोले भंडारी, वे तखत पर ऐन बैठें। दोनों जोर बैठें। हमें क्या गुरेज ? अब असल के हो, तो देखकर आओ सीढ़ियों पर कि माताराम बैठी हमारी बतलावन सुन रही हैं। ये हैं बड़ी बूढ़ियों के काम।"

बालकिशन इतना ही कह पाया था--चुप होती है कि लगाऊँ अभी... तब तक ही सीढ़ियों की ओर बिगड़े कफवाली खाँसी बजी। लंबा धसका। खाँय खाँय खुल्लऽऽअ।

अँगिया ! अम्मा को कष्ट दे रही है। शीलो क्या जाने ? दवा लाना भूल गया, नहीं तो माँ को यों चोरों की तरह रँगे हाथ पकड़ा जाता ? तिगुना-चौगुना अपराधी है बालकिशन।

अम्मा कहा करती थी कुछ दिन पहले—बेटा, यह बहू गिरगिट की तरह रंग बदलती है। नहीं मानता था बालकिशन। अम्मा से पटा नहीं रही, सो कहती हैं ऐसी कसैली बातें।

आज अक्षर-अक्षर मानता है अम्मा का कहा हुआ।

बाजीगरनी है। आदमी को गले लगाकर चाबुक फटकारती है।

बालकिशन का दिल दुखाकर शीलो को चैन कहाँ ?

"आग लगे मोरी जीभ को। किस बुरी घड़ी में अँगिया की बात कर बैठी ! अब तक क्या अँगिया कसकर ही सलूका पहनती थी ? इस गाँव में भी शहरी औरतों ने आ-आकर बवाल मचा दिया है। नहीं तो हमारे घर कलह होती ? आग लगे, मैं भी होड़ कर बैठी। काए-काए की होड़-सेंग करूँगी ? वे तो अपने आदमियों का नाम लेकर ऐसे बुलाती हैं, जैसे किसी बच्चा को टेर रही हों।" गला खोलकर बोलती हुई शीलो को पता नहीं, कौन सा ख्याल आया, आवाज भर्रा उठी, "नहीं लिखा मुकद्दर में हमारे कि कोई लालसा पूरन हो। हम तो बस खेंचाखाँची मचा ही रहे हैं। तकदीर से लड़ रहे हैं..."

"बताओ, बीता भरे कपड़े से कौन से टोटे हो गए ? माताराम भोर से ही काबिज थीं चौखट पर, सत्ते की लुगाई को कुछ बताने का धरम नहीं है, आग लगाकर हाथ सेंकना जानती है खूब। जैसी सास, वैसी बहू।"

बालकिशन के होंठों पर अनजाने ही मुस्कान खेल गई—कौन बताए शीलो को कि अम्मा ने अँगिया वाला झोला छुआ तक नहीं और न कोई बात ही कही ऐसी। मखौल करता हुआ बोला, "साठ पार की अम्मा सठिया गई हैं।"

शीलो ने बात उलट दी, "तुम भी...उनकी दवाई ले ही आते। तुम से ज्यादा भूला कौन होगा ? दो दवाइयों में से एक भी याद नहीं रही। उन बिचारी की हमारे सिवा और है कौन ? असल में डुकरो को पोता खिलाने की जल्दी मची है। कर दें ऐसा ही जतन, अम्मा जी भली चंगी हो जाएँगी, देख लेना।" शीलो के पतले होंठों पर ममतामयी हँसी उतर आई, जैसी अम्मा के चेहरे पर होती है। वह अम्मा के लिए सद्भावना लुटा रही है, और खूँटी पर टँगे झोले को ऐसे देख रही है, जैसे वह उसके प्रेम की पोटली हो।

बालकिशन के कलेजे की एक-एक ऐंठन खुलने लगी। वह देख रहा है—शीलो धीरे से उठी है, जानता है—झोला उतारेगी। प्रेम से उतारा ही नहीं, सहलाया झोले के बदन को। लेकर बालकिशन के पास आ खड़ी हुई। पास बैठ गई धरती पर।

शीलो का मन तृप्त हो, इससे ज्यादा बालकिशन ने भी कुछ नहीं चाहा। उसने समझदार आदमी की मुद्रा बना ली, बोला कुछ भी नहीं। हड़बड़ी भी नहीं। झोला शीलो के हाथ से ले लिया। हाँ, अँगिया का पैकेट निकालते समय

रोकते-रोकते हुए भी होंठों पर मुस्कान हल्के से छलक गई। जादूगर की तरह हथेलियों के बीच पैकेट को दबा लिया और शीलो की ओर देखा—'बोल, मेरी मुट्ठी में क्या है' के भाव से। आशा करने लगा कि शीलो बोलेगी—तकदीर हमारी।

"हाय मोरी तकदीर ! नहीं भूले ? ले आए ! साँची तो है, अम्मा बहनों के रोने-बिसूरने से क्या आदमी इन बातों को भुला देगा ? मैं तो बिना देखे ही समझ गई थी कि अम्मा को यह झोला नागपिटारी क्यों लग रहा है ?"

बालकिशन की खुशी पर पाँव रख दिया शीलो ने। तो क्या वह अम्मा को रौंदकर इसकी इच्छा पूरण कर रहा है ?

खिलखिला पड़ी शीलो। खिसियाया सा देखता रह गया वह।

"तुम ही लिए रहोगे, हमें नहीं देखने दोगे हमारी चीज ?"

"शीलो भाभी, तुम वही हो या कोई दूसरी आ गई है इस घर में ? दबी-घुटी सहमी-सी औरत में यह शीलो कहाँ छिपी थी ? कि उसका हाथ थामते ही उछल कर बाहर निकल आई। इस संग-साथ ने शीलो को ताकत दी। तो उसे निर्बल क्यों कर दिया ? हर तरफ से छीजता है वही। छीजते-छीजते कमजोर मर्द में तब्दील हो गया ? और अम्मा के चलते कपूत में।"

बालकिशन नीची नजर किए अफसोस में बैठा था। नजर उठाकर देखा, तो सामने दूसरी ही दुनिया है। शीलो अपनी धोती उतार रही है। अब धोती तहा रही है बिलौज साया पहनकर। उसकी चोटी कमर तक लटकी है, बालकिशन ने लंबे बालों पर आज गौर किया। लो, दोनों बाँहें ऊपर को उठाकर बिलौज भी खींच दिया ! अम्मा ! कहाँ अम्मा, अब तो वे बालकिशन के ख्यालों में दूर-दूर तक नहीं।

उसकी छोटी-छोटी आँखें खुली की खुली रह गईं। लेटी हुई और खड़ी हुई औरत में बहुत अंतर होता है—शीलो के देह में नए-नए कोण-कटाव !

सामने दो सूरजमुखी के फूल !

"ऐसे क्या देख रहे हो ? लुगाई देखी नहीं कभी ?"

बालकिशन के मन में लड्डू फूट रहा है—देखी है लुगाई, इस अदा से खड़ी शीलो नहीं देखी थी। वह फुर्ती से अँगिया वाला पैकेट खोलने लगा।

"लो," बालकिशन ने ब्रा निकालकर उसके सामने लहरा दी।

शीलो ने प्यार से गाल तान दिया, "रेंगटा, उठकर अपने हाथ से

पहनाओ। सुमिरन की बहू कह रही थी—पीछे वाला बकसुआ बड़े कसाले से लगता है। सुमिरन ही लगाता है।''

बालकिशन जानता है, सुमिरन से शीलो को खास मुकाबला करना है। उसी ने कहा था, ''बहू-बेटा नहीं, रंडी भड़आ।'' पंचायत जुटवाई थी, खुद पीछे रहकर। जाँत में से निकलवाया था और कहा था, ''बच्चे होंगे, तो किसे बाप कहेंगे ? सुमेर को या बालू को ?''

शीलो कंधा पकड़कर हिला रही है अर्द्धमूर्च्छित से बालकिशन को, ''लो, लगाओ, किस सोच में पड़ गए ? इन बकसुओं का नाम ऐसे ही नहीं पड़ गया 'खसम खोल' बटन।''

बालकिशन नए दूल्हे की तरह बढ़ा—हुमुक कर। हालाँकि दूल्हा नहीं बन पाया, पर यह आनंद नए ढंग का है ! रोमांचित...वह सोच-सोच कर हैरान है या देख-देखकर ? आमों के बगीचे गाँव में तीन-चार हैं...अँगिया में बँधे गद्दर आम ! लालटेन की रोशनी में लाल अँगिया ! शीलो की जानलेवा मुस्कान और मीठी से मीठी बोली। खुशी का झरना छोड़ती हुई—

''देख लो, ठीक बनी है न ? नाप-उमाना नजरों में ही चुरा ले गए ! सूरत से तो भोले लगते हो, पेट में दाढ़ी है।''

बालकिशन शोभा सुंदरता से किलोलें कर रहा है। रघु की बात याद आई, ''साली, इतनी शर्मीली है कि लालटेन की बत्ती ऊँची नहीं करने देती। अँधेरे में कोई क्या...?''

शीलो बैठी नहीं, बैठने से अँगिया की पूरी छवि नहीं उतरेगी। खड़ी-खड़ी कह रही है—अपने-आप नहीं सोचा गया तुमसे ? अरे, चिरगाँव का बजार क्या हमने नहीं देखा ? कि अँगिया का वजन न ढो पाते ? जनी का जात गुड़ बूरे से लेकर खाद बीज तक मोल ले आए, कपड़ा-लत्ता खरीद लाए, गहना-गुरिया गढ़वा ले...पर ये दिलफरेब चीजें तो अपने आदमी के ही हाथ से...अरस-परस की बात ठहरी। मर्द मनिख नहीं समझ पाते ऐसी महीन बातें।''

अम्मा खाँस रही हैं लगातार।

बालकिशन को मदहोशी की सुई लगी हुई है—कोठे में बहार-सूरजमुखी के दो लाल फूल विकसित और भरे-भरे। हाथों में फूलों की गंध ! वह चिरगाँव के दुकानदार को दुआ दे रहा है।

पलिका कि धरती ? धरती कि पलिका ?

अम्मा की खाँसी कि सूरजमुखी के गीत, सूरजमुखी के गीत कि अम्मा की खाँसी ? सब कुछ गड्डमड्ड हो गया। वह आँखें भींचे सोता हुआ शीलो का सपना देखता रहा।

कब सोया ? कब जागा ? झरोखे से आती हुई धूप कनपटी पर चुनचुनाई।

आँगन में अम्मा की दाँती बज उठी। बालकिशन हड़बड़ाकर उठा।

"हाय, सतमुतना की जाई, मेरे नादान बच्चा पर सवार है। ओ बालू—लैहला के मजलू...सरम लाज तियागकर नंगा हो गया ? बेगम गुल्ला का खेल खेल रहा है दोपहर-दिन तक।"

शीलो साया पर जल्दी-जल्दी धोती लपेट रही है। अम्मा ने गुड़-गोबर...

बालकिशन की आदत है, वह सबेरे ही सबेरे शीलो का मुँह देखकर दिन शुरू करता है...लेकिन आज चाँदनी उतरते ही घोर अँधेरा ! शीलो के सामने सीधा मुँह करे, तो कैसे करे ?

शीलो यों तो अम्मा को हजार तरह से पछाड़ चुकी है, पर पुराना डर बात के दर्द की तरह उभर आता है। बेचारी सीढ़ियाँ फलाँगती हुई भागी गई कि अम्मा चीखना तो बंद करें।

जल्दी-जल्दी काम निपटाने लगी। झाडू-बुहारी करके दूध मट्ठा...

नहा-धो चुकी शीलो। आदमी का संग करके अम्मा जी चौका में घुस जाने पर अनखाती हैं। नहाना जरूरी है।

बालकिशन चोर चाल से जब ऊपर से नीचे उतरा, तो देखा के धुले कपड़े अलगनी पर सूख रहे थे। नीचा सिर करके निकला वह। लाल अँगिया कपड़ों के बीच लटकी रस बरसा रही है ! मनहरन बूँदें, भीतर तक ठंडक उतर गई।

शीलो तुलसी का चौरा ढार रही है—पीले रंग की धोती का छोटा सा घूँघट करके। गीत गा रही है वह—तुलसा महारानी नमो नमो। बालकिशन के हाथ खुद-ब-खुद जुड़ गए।

वह पौर में बिछी खटिया पर बैठ गया। सहमी-सिकुड़ी नसें खुलने लगीं, क्योंकि अम्मा का क्रोध शांत है। चिड़चिड़ी-सी हो गई हैं अम्मा, बूढ़ी देह

बूढ़ा मन और क्या करे ? फिर भी माँ तो माँ है। सारे देवी-देवताओं से बड़ी एक माँ।

बरोसी में कंडे सुलगाती हुई अम्मा को प्यार-भरी निगाह से देखा उसने। बिलकुल बुजुर्गों की निगाह से, जैसे खुद उनका पुरखा हो।

अम्मा कुछ बुदबुदा रही हैं। उठने-जागने में देरी करना बर्दाश्त नहीं है उन्हें, लेकिन कैसे कहे कि अम्मा, हम रात-भर नहीं सोए ! सोए हैं, तो मुश्किल से घंटा-भर। यह कहना तो और आग भड़का देगा। वह जानबूझकर बेअसर है। सुस्ती के मारे घंटा भर फिर सो लिया।

हैंऽऽ !

चिराइंध-सी आ रही है ! कपड़ा जलने की बास। सूँऽऽ...सूँऽऽ।

"अम्मा, क्या जल रहा है ?"

"अम्मा के माने अम्मा और शीलो—दोनों। घर के कामों के चलते दोनों से जवाब-तलबी होती है।

सूरज देवता ढा रही थी शीलो, जल-भरा लोटा धाड़ से पटक दिया। बरोसी की ओर लपकी तेजी से।

बालकिशन झटके से उठा और जा पहुँचा आँगन में।

बरोसी के अंगारों पर लाल अँगिया ! धू-धू करके नहीं जल रही, चुपचाप अग्नि-प्रवेश कर गई हो जैसे। सिकुड़ी हुई काली राख में तब्दील होती जा रही है। शीलो हाथ उठाकर चिल्लाना चाहती है—आवाज की गों-गों भी नहीं हुई। जहरीला धुआँ उठ रहा है, शीलो की आँखों में। धुआँ घुमड़ रहा है या पानी ?

आग बुझ ही नहीं सकी। अँगिया जलकर खत्म हो गई।

अम्मा खड़ी हैं दालान में। उनके चेहरे पर निर्भाव जीत पुती हुई...

बुदबुदाई जीत का गीत, "बूढ़ी हूँ तो क्या मरी समझ ली ?"

अम्मा कुछ भी न कहें, उनकी नजर बोल रही है शीलो से। परास्त बहू से उनकी आँखें लड़ रही हैं लगातार। आँखों से एक ही धुन आ रही है—मायाविनी औरत, मैंने फूँक डाला तेरा रेशमी जाल, जिसमें मेरा बालकिशन कैद था।

कैद से बाहर आते ही मारा गया बालकिशन। शरीर ठंडा हो चला है उसका। दाँत ढीले हो गए। कानों में सुनने की ताकत है अभी—कपूत, मैं कल

तक अपनी दवा न लाने पर तुझसे खफा थी, पर आज...तू समझ ले खुद ही। बालू, यह रंडी तेरे ऊपर ऐसे सवार हो गई कि तू आपा तक भूल गया।

साँप के फन की तरह तना हुआ है अम्मा का चेहरा।

शीलो शोक में जल रही है ! गुर्राती हुई बाघिन।

बालकिशन भीतर ही भीतर अम्मा को कोसने लगा—यह क्या कर डाला तुमने ? तुम माँ नहीं क्या ? या सौतेली माँ हो ? होती तो अपने बेटे का सुख चाहतीं। अम्मा, तुमने अँगिया नहीं जलाई, अपने बालू की जिंदगी फूँक डाली। देख रही हो, यह औरत किस तरह छटपटा रही है ! उसी तेजी से फाड़ खाएगी मुझे। तुमने इसके जाल से आजाद नहीं किया अम्मा, खत्म कर डाला बालकिशन...

शीलो का डर तीव्रता से हावी होता जा रहा है, उसी तेजी से बालकिशन शीलो के पास पहुँचना चाहता है—जैसे फाँसी पाया मुजरिम जल्दी-जल्दी मर जाना चाहता है। गुनाह अम्मा का हो या सुमेर भइया का, टूटता बालकिशन के सिर पर ही है।

द्वार, दीवार, दर, आँगन, पौर, गली, पेड़ रुख कि आकाश-धरती की हदों पर शीलो ही शीलो। क्रोध का फरसा कंधे पर धरे सब कहीं शीलो।

खटिया पर बैठी है अम्मा, टेढ़ी नजर किए हुए। वह फलाँग गया।

शीलो तक का रास्ता तय करना उसे मनाने के लिए नहीं, जीवन के लिए जरूरी है। इस हौंसले वाली बात को वह आँखें मींचकर सोच गया। सनक बूढ़ी अम्मा की है, इसमें वह कहाँ आता है ? जो किया, अपने आनंद के लिए किया, मर्दानगी के लिए किया, अपनी शीलो के लिए किया, अम्मा को चिड़चिड़ाहट क्यों हुई ?

साफ-साफ कहने का इरादा कर लिया। अब शीलो तक भी सूली पर चढ़ाए, तो उसकी मर्जी। दबते-दबते धरती में धँस गया, आगे सहा नहीं जाता।

क्रोध में है बालकिशन। सुना सकता है कि तू बूढ़ी नहीं समझ पाई मुझे और न यह साली बुलडोजर की औलाद। बुलडोजर। हाँ, बुलडोजर, जो चिरगाँव में मकान-दुकानों की हस्ती धरती को धूल में मिला देता है। ऐसी ही बुलडोजर शीलो।

कोठे में हलका अँधेरा है।

शीलो की लाल-आल आँखें ! रो रही है बेचारी। आँसू देखकर कमजोर हो जाता है, मगर यह समय दुर्बलता का नहीं, वह तन गया। धोती सँभालता हुआ घुसा। मिमियाने नहीं आया बालकिशन, दहाड़ने आया है। शीलो सुने, संग में अम्मा भी सुने, आइंदा यह नाटक नहीं दोहराया जाए।

छाती फुलाकर जा रहा है, यह बात अलग है कि भीतर ही भीतर शेर का कलेजा भीगकर बकरे का हुआ जाता है। दहाड़ पाएगा ?

शीलो के पास जा बैठा खाट पर। हिम्मत है।

खामोशी के चलते आतंक-सा फैलता जा रहा है, दहशत का धुआँ-सा...देह में झुरझुरी-सी लगी है। वैसे तो, शीलो के साथ रहकर बहुत कुछ सीख गया है, यही कि बिगड़ी हुई बात पर कैसे काबू पाया जाता है ?

बिगड़ी बात बनाने के लिए ही शीलो को मनाना चाहता है। हाथ पकड़कर उठा लूँगा। झिड़केगी, तो भी क्या, कोई गैर है शीलो ? माफी माँगने में क्या हर्ज है, अम्मा ने किया ही ऐसा है। इस पर तो पाँव भी पकड़ लूँ, तो बड़ी बात नहीं। अँधेरे कोठे में कौन देखता है ? वह एक-एक सीढ़ी उतरता आ रहा है नीचे। दहाड़-चिंघाड़कर भूलकर विनय पर आ गया।

कछुए की चाल से सरका शीलो की ओर।

एकदम निकट सट जाने की क्या जरूरत है, दूर से ही हाथ बढ़ाओ...

लेकिन...शीलो ने खुद ही झपट्टा मारा कस के। खरगोश की तरह उछला बालकिशन। उछलकर जाएगा कहाँ, धोती का लाँग पकड़ ली शीलो ने।

अचानक हमला ! इसके लिए तैयार ही कहाँ था ? होंठ फैलाकर, दाँत निकालकर देख रहा है शीलो की ओर। रो रहा है या हँस रहा है ?

नहीं, सुन रहा है–

"ओ भोंदूचंद। कान खोलकर सुन ले, आज ही न्यारी होना है, इसी दम।" कहकर लाँग पकड़कर अपनी ओर खींचा शीलो ने।

"अम्मा के दुधपियना पूत, बोल क्या कहता है ?" वह दाँती घिसकर बोली, मानो कच्चा चबाकर थूक देगी उसे।

"तू आदमी नहीं है...लुखरा जात। इस बूढ़ी ने आदमी जाए हैं ?"

शीलो का रूप नया नहीं है बालकिशन के लिए, पर वह बुरी तरह चौंक गया। बौखला गया–क्या होगा अब ? शीलो ने जब कभी त्यौरियाँ टेढ़ी कीं, तो देवी जैसा क्षमा भाव मिला रहा था कहीं-न-कहीं। अबकी बार तो साक्षात

पूतना, सूर्पणखा...राक्षसी ! अँगिया क्या जल गई, जहान में आग लग गई हो जैसे। एहसास फरामोश भूल गई कि इसके पीछे अम्मा ने अपने पेट जाए लड़के से नाता तोड़ दिया था। कलेजे के टुकड़े का मोह त्यागकर बददुआएँ दी थीं। उनका एक बेटा छुड़वाकर दूसरे को भी काटने का प्रपंच। असुरनी हमारी देवी जैसी माँ को कुचलने की तैयारी में है। अम्मा से बड़ी हो गई इसकी अँगिया ? साली, जा भाड़ में। कौन जाएगा तेरे साथ ? अकेली ही जा बहन के ब्याह में। बिना खसम की छुट्टा लुगाई। किसी की सगी नहीं, अपनी बहन को भी नहीं छोड़ा, बेइज्जत करके निकाला था।

शीलो की नाक पिचक-फूल रही है गुस्सा के मारे।

"सुन ले मइया के लाल, इससे हम कहाँ तक निभाएँगे ? इससे हमसे नहीं, हमारी जवानी से बैर है। खूब इलम हो गया है हमें।"

गुस्से के मारे काँप रही है शीलो। उसकी जवान उँगलियाँ पंजा बनाकर आगे बढ़ रही हैं। गर्दन पकड़ना चाहती हैं अब।

लाँग पर हाथ ढीला पड़ गया। बालकिशन भागा।

भाग। भाग। भागता ही जा। यहाँ तेरे लिए कुछ नहीं। यह घर, यह गाँव, रिश्ते-नाते, प्रीत-प्यार सब धोखा है।

माँ से अलग होगा ? गाँव की निगाह में नहीं, अपनी ही निगाह में गिर जाएगा। नहीं तो टुकड़े-टुकड़े कर डालेगी शीलो—सो बस, भाग। भाग।

ओ बेटा बालूऽऽ !

माँ नहीं, छल है आँखों का पर्दा।

"सुनो, तुम हीरा आदमी।"

त्रियाचरित्र ! मैं हीरा नहीं, बेटा नहीं। अपने कुँआरेपन को गिरवी धर कर लुगिहा जनानिया लुखरा गीदड़ नामर्द आदमी !

अम्मा—शीलो !

शीलो—अम्मा !!

इन दोनों के चलते मुलजिम हूँ, अपराधी हूँ या कि शिकार...? दोनों के चलते टुकड़े-टुकड़े काटा गया बालकिशन। टुकड़ों में से बड़ा हिस्सा झपटने वाली बिल्लियों की तरह दो स्त्रियाँ। चंपादास बैद ! तुम सच्चे ज्ञानी। बैदगीरी करते-करते जोगी हो गए ! मैं अँधेरे में फँसा जीव, एक किरन के लिए तरसता हुआ...तुम जहाँ रम गए, वहीं घर-घाट, जो गा-बजा दिया, वही

वेद-वाद्य।

'झूठे मात पिता सुत माई, झूठी है नातेदारी।
झूठा है सब कुटुम कबीला, झूठी है प्यारी नारी।

बालकिशन के पाँवों में हवा बँधी है। उड़ता चला जा रहा है।

बस में कहाँ से बैठा था ?

कहाँ उतर पड़ा ?

बीच राह में खड़ा है बालकिशन। सिर पर अंगारों भर तसला है।

खाली मन, खाली हाथ...कंडक्टर टिकट माँगने उसकी ओर बढ़ा था, वह कूद पड़ा बियावान में। ओरछाधाम के राम राजा की शरण में जा रहा था–हरदौल भइया की सेवा में...क्या पता था, सातार नदी का कर्ज चढ़ा है। किनारे-किनारे चलता गया। मन में चंपादास के बोलों का इकतारा–वहीं चलो रे जीव, जहाँ पाँव ले जाएँ।

हवा-पानी का परताप, चंपादास गुरु, धरती-आकाश का उतार-चढ़ाव ...जोगी आश्रम पर आ अटका। अस्थान, जहाँ संत सिर पर आग का तसला धरकर तपते हैं। बालकिशन तो धधकता आया था, यह ताप कुछ भी नहीं।

गुरुदर्शन। दंडवत प्रणाम।

अखिल ब्रह्मांड का द्वार अस्थान। अँधेरी दुनिया के परे प्रकाश लोक। जहाँ ऊर्ध्व और अधोवस्त्र जैसी सांसारिक चीजों की जरूरत नहीं। गृहसंपत और नारी त्याग देने वाले फक्कड़ों को शर्म-लाज के बंधन नहीं। शीलो-माया नारी। मैं आजाद नर। मोहपाश में बँधे आदमी से तो धूल में लोटता कुत्ता अच्छा।

हालाँकि शुरुआत के दिनों में पोथी बीजक के चलते गलती पर गलती की थी बालकिशन ने, लेकिन गद्दी गुरु सत्त की बात को गलत-सही नहीं, जाप की संख्या पर उतारते हैं। श्रद्धाभिभूत बालकिशन बीजक जाप का धन, लँगोटी-कमंडल की पूँजी, गुरुवचन का अमृत-पान करके तुष्ट है।

...लेकिन गुरुबाधा ! गाँव के सत्ते और रघु सातार के किनारे दिखाई दिए थे। मछेरों के जाल डाले जा रहे थे नदी में।

बालकिशन पानी में कूद पड़ा गुरु का नाम सुमिर कर। नदी ऐसे तैरी,

ज्यों भवसागर पार कर रहा हो। भवसागर पार करने वाला प्राणी इतना बदहाल न होता होगा, बालकिशन के घुटने फूट गए, पसलियाँ फूल गईं, पीठ-पेट घायल। निसचर कहाँ से आ गए ?

पारीछा घट पर जाकर निकला था, फिर डाँग-डाँग अस्थान संत-निवास।

गुरुदेव की कृपा—आत्मा जब लोभ, मोह, मद और काम के वशीभूत हो जाए, तो जीव के रूप में अपना तेज खोती चली जाती है। अपनी दशा-दुर्दशा से अपरिचित महानाश की ओर बढ़ती रहती है। शिष्य, खाई-खंदक में गिरने से पहले उस महातेज को खोजो, जो तुम्हारे तेज का नाश न होने दे।

बालकिशन के दो नेत्र महातेज की खोज में हैं। उसका संकल्प—पंचाग्नि तप करेगा—आग-भरा तसला सँभाल लिया। मनुष्य योनि के पाप-पुण्यों को जलाकर निर्मल स्वच्छ जीवन का आरंभ, आत्मा की शुद्धता का आचार।

जल-समाधि—सूरज-चंद्रमा, जिनसे बड़ा कोई नहीं, जल में ठहर जाते हैं, उस जल में रहकर बालकिशन का शरीर कर्म-कुकर्म की कीचड़ से मुक्त होकर सीप के मोती के समान उज्ज्वल बनेगा।

शीलो को अब कहाँ मिलेगा बालकिशन ? जोगियों की माताएँ कहाँ होती हैं ?

पंचतत्त्व से बना यह चोला किसी का ऋणी नहीं, नाते-रिश्तों के बारे में सोचना भूल गया। घर-गाँव की बातों के चलते ठंडापन और वासनाओं-कामनाओं की जगह वैराग्य। इस देह का मोह भी धीरे-धीरे छूटने लगेगा, ऐसे ही वृद्धावस्था आ जाएगी। बालकिशन संकल्प का धनी है। ऐसे ही फिर भूमि-समाधि।

भूमि-समाधि ? किसने ली भूमि-समाधि ? संत श्रद्धानंद ने। जिसकी समाधि पर हर साल संतों का मेला भरता है। पंगत होती है। भंडारा...

समस्त मोह का त्याग करके छः महीने राख लपेटकर बिता दिए बालकिशन ने। मनुष्य की कमजोरियों पर विजय पाता हुआ साधु जगत में सप्ताग्नि तप की ओर बढ़ रहा था। मैंने गृहस्थ धर्म तक सारी इच्छाएँ मारकर निभाया है। जो कामना पैदा हुई, वह शीलो का परसाद था। ऋषि-मुनियों को काम-वासना में खींच ले जाने वाली उर्वशी मेनकाओं ने तप भंग किए हैं सदा। बालकिशन भूले से भी नहीं सोचना चाहता था उस नारी के बारे में

वह साधारण प्राणी फिर न दीन का रहेगा, न दुनिया का।

संन्यास कोई बड़ी बात नहीं बालकिशन के लिए।

गुरुवर दहल गए—इस तप में अभी तक उनका कोई चेला खरा नहीं उतरा। कोई भाग गया, तो कोई छिप गया, तो कोई गुरु-चरणों को पकड़कर माफी माँग गया।

कठिन परीक्षा !

शीलो से छुटकारा पाने की जिद में अग्नि जल नाप रहा है बालकिशन। ऋषि-रूप, जोगी मन, बैरागी की जिंदगी ! आग ही आग दहक रही है चारों ओर। रात-दिन ताप को झेलता हुआ कुंदन होता जा रहा है। आँखें मूँद लीं, अंतर खाली-खाली। सतगुरु की महिमा, ब्रह्म का ध्यान विकारयुक्त जीवात्मा का हनन...देह और प्राकृतिक भूख के चलते अपने-आप को ढीला नहीं छोड़ा कभी—निद्रा, भय, मैथुन, आहार-सांसारिक कीड़े-मकोड़ों की जरूरतें ! बालकिशन इन चारों चीजों पर नियंत्रण पा चुका है।

नींद तो लगी नहीं, फिर स्त्री छाया ? मठ के साधु लोग गाँजा पीकर स्त्री-चर्चा करते हैं पापी। गुरुदेव से छिपाकर मायाविनी नारी के अंगों को मन-ही-मन या फिर एकांत में...

शीलो बिलकुल ही भूल गई ? महापाप ! उसने हाथ अंगारे पर धर दिया। अधम जीव स्त्री भरमा रही है अभी तक ? बालकिशन नाम का साधु तपस्या में बट्टा लगाकर जीवन अकारथ करने पर तुला है। ऐसे सवाल शोभा देते हैं जोगी जती को ?

...लेकिन इन दिनों इस मठ में नहीं, सवालों के जंगल में भटक रहा है वह।

सिर पर तसला-भरी आग धरने का अर्थ ? इसी सबसे मोक्ष मिल गया होता, तो गुरुदेव डाँग में ही क्यों बूढ़े हो गए होते ?

जवान देह की जरूरतें साँप का सा फन उठाकर खड़ी हो गईं।

सावधान बालकिशन। मूढ़मति सर्वनाश हो जाएगा। लँगोटी कस।

—मेरी साधना कमजोर पड़ रही है ! इसमें अचरज भी क्या ? शक्तिहीन तप के चलते ही तो श्रद्धानंद स्वामी...भूमि-समाधि क्यों ली उन्होंने ? मोक्ष पाए हुए महात्मा के लिए आकाश से विमान उतरता है, अदृश्य और असांसारिक...लेकिन कनफटा साधु क्या कहता था—टीकमगढ़ के सेठ की

बेटी आई थी यहाँ। बेचारी बाबा जी के चरण छूने मढ़िया में घुस गई। परसादी की इच्छा की अबोध ने। बारह साल की कच्ची उम्र और मनमोहिनी रूप। कली को मसल देने की उत्कट कामना...लँगोट ढीला हो आया। देह में भरी वासनाएँ मन पर सवार हो गई। परसादी के बदले वीर्यदान ! सेठ के नौकरों ने महात्मा जी की महिम को धूल चटा दी—पकड़कर इतना पीटा कि बेहोश हो गए। कहते हैं—वे ही जल्लाद, संत का लिंग काट ले गए।

चारा क्या था फिर ? आत्महत्या करके साधु ने परमपद को बचाया।

कनफटा साधु बेचारा, अस्थान के गुरुदेव ने चिमटे मार-मारकर चूतरों की खाल उधेड़ दी—चोट्टा महासंत को बदनाम करता है !

चिमटे की चोट ! बालकिशन के मरम पर लगी। पूरे दिन होश खोकर पड़ा रहा—राख में।

बार-बार शीलो का महीन आँचल आँखों के सामने फड़फड़ाता। हरी छींट की धोती का नरम आँचल, वह आँखों पर डालकर उस आवरण में से दुनिया देखता था। यह कशमकश...

मैं तय नहीं कर पा रहा हूँ कि गृहस्थ हूँ या जोगी ? गृहस्थी में मन रमा है, तो यहाँ मेरा क्या काम ? राख-भस्म लपेटे बैठा रहता हूँ, ब्रह्मदर्शन की लालसा में,...लेकिन बार-बार यह ख्याल क्यों आता है कि यदि इस जरिए मुक्ति हो जाती, तो कुत्ता सबसे पहले भवसागर पार कर जाता, जो राख में ही लेटा रहता है। जल-समाधि से जगत की बाधाएँ कट सकतीं, तो जल की मछलियाँ परमपद पा गई होतीं। अशांत मन, छटपटाता हूँ मैं। भरोसा, विश्वास डगमगाने लगता है। गुरुदेव कहते हैं—अस्थिर प्राणी का कहीं त्राण नहीं...

मैं साधारण आदमियों के प्यार लगावों, क्रोध और घृणाओं जैसे विकारों से आजाद होना चाहता था, लेकिन यह धूनी, जटाजूट, जोगिया बाना, छाती पर मालाओं की रस्सियाँ और कमर में कोपीन का बंधन, कमंडल में ही कैद होकर रह गया।

जोगी हूँ, तो यही ज्ञान प्राप्त किया ? तपते-तपते यही धारणा बनाई—ये साधु नहीं, निठल्ले लोग हैं। सूअर की तरह खाकर अजगर की तरह पड़े रहते हैं। इन देह पालने वाले आलसी और निष्क्रिय संतों के मुकाबले मेरी माँ बहुत बड़ी संतिनी थी, जिसने बेटे के अन्याय का डटकर विरोध किया। ममता और मोह में सनी माँ के लिए कितना कठिन था—अपने ही खून पर थूकना...ऊपर

से इज्जत-आबरू की दुहाई देने वाली अम्मा ने किसी को अपना जलता-झुलसता कलेजा नहीं दिखाया। सारे ताप को खुद ही पी लिया !

शीलो से बचा भागा फिरता हूँ मैं। वह अपने पाश में जकड़ने की हर कोशिश कर रही होगी—काम-वासनाओं से मेरी देह और धर्म व सत्त के नाम पर कलंक। ब्रह्म की राह में काँटेदार झाड़...कुत्सित इच्छाओं की कालिमा-भरी पिटारी। मैं सचमुच, पगला गया हूँ...मन में बार-बार एक ही बात याद आती है—ये मस्त-मलंग जोगी लोग शीलो की छिंगुली के बराबर नहीं, जो हमारे घर की भलाई के कारण कतर कर धर दी गई। वह भयावह कुरूपता मुझे बलिदान की रोशनी में लिए जा रही है !

क्यों सोचता हूँ उनके बारे में, जिन्हें त्याग आया ? इन मठों-आश्रमों में उनको जाल-जंजाल, माया कीचड़ और रौरव नरक की बजबजाती गंदगी से ज्यादा कुछ नहीं माना जाता। उनको भूला नहीं, इसीलिए तपस्या पूरी नहीं हो पाई। जीव अभी भटक रहा है। बीच में जंजाल आ गए। महातेज में मिलना कैसे होगा ? आत्मा का विनाश हुआ जाता है। अँधेरा ही अँधेरा...तप में बाधा डालती है शीलो !

शीलो की सूरत जगमगा उठी धूनी के धुएँ से लाल हुए नेत्रों के सामने। लाल बिंदी लगाए, काली-कजरारी आँखों में मुस्कराती हुई, होंठों की तिर्यक भंगिमा ! मन-ही-मन मुस्करा उठा बालकिशन। चंपादास बैद का ध्यान आ गया बरबस। ध्यान खंडित है, ईसुरी की फाग-बूँदा मन कौ हरन हमारौ...

नादान प्राणी ऐसे ही भटकता है—यहाँ-वहाँ। जी घबरा गया यकायक।

बीजक उठा लिया, दृष्टि थाम ली। दोहे का जाप—हाड़-मांस का पींजरा, जिसमें दिया न लोय, हंसा उड़ता ईकला...

अटक गया बालकिशन। उसका हंस अकेला नहीं उड़ना चाहता।

धूनी की आग ! घर के चूल्हे के आगे सूनी-सूनी आँखों रोटी सेंकती हुई शीलो...मेरे कपाल का ताप या उसकी आँखों से झरती आँसू की चिनगारियाँ ? बालकिशन ! तू संत वेश में कायर है या गद्दार प्राणी ? शीलो के धैर्य से डरकर तप का ढोंग तो नहीं कर रहा ?

इतना चंचल चित्त और मठ का तप ? हंसा उड़ता ईकला...

चार-छः दिन से शीलो की माया काटकर बीजक में ध्यान रमा रहा है, रस्सा कसे पशु की तरह। मुँह मारना साधना को खंडित करना है, मगर

उसकी काया में बसा हंस देह छोड़कर निकलता भी तो नहीं। हंसिनी के लिए तड़पता है पापी। बैलों की जोड़ी के पीछे बखर लेकर खेत की ओर जाता हुआ बालकिशन, अन्न की गठरी सिर पर धरकर पीछे-पीछे आती हुई शीलो...आज भी खेतों के मेंड़ों डौलों पर डोलती होगी ? बसंत की हरियाली में उदास-उदास पत्नी...बालकिशन की बाट जोहती होगी। वहाँ है या यहीं कहीं ? मुड़-मुड़कर इधर-उधर देखता है—ध्यान भंग।

यह एकांत, साँय-साँय करता हुआ बीहड़, बाँझ धरती पर स्त्री के लिए तरसते एक-दूसरे के ऊपर पड़े हुए नशे में धुत्त साधु। अवर्जित, अप्राकृतिक काम-वासना। जी घिना गया बुरी तरह। सच में क्या हमारा संसार ऐसा ही घिनौना है ? कनफटे साधु ने जबर्दस्ती उसके अंग-अंग नहीं फाड़ डाले क्या ? यह भी तपस्या की अनकही-अनदेखी शर्त...कनफटा आसन सिखाता था—पहला गुरु।

शीलो का जीता-जागता संसार पुकारता है उसे। टेर आ रही है कानों तक—

"अम्मा जी ! अरे, एक लला कि एक बिन्नू (बेटी) हो जाए, देख लेना रोग-व्याध सब भाग जाएँगे उनके। बालगोपालों में रम जाएँगी। जसोदा मइया। आँगन-आँगन भागी डोलेंगी।"

जप-तप ! थोथे अनाज-सा उड़ने लगा।

मैं यहाँ से जाना चाहता हूँ। गुरुदेव सुनो, यह वीरानी ढोता हुआ और स्यार लिड़इयों के रोदन से गूँजता तुम्हारा मठ संन्यास का शांत आश्रम नहीं, भगोड़ियों की शरणस्थली है।

कह पाएगा वह ? सुन पाएँगे ब्रह्मज्ञानी गुरुदेव ? पीठ में त्रिशूल गाड़ देंगे। क्रोध का भीषण आवाँ संसार में यदि सुलगता है, तो वह इन्हीं मठ-आश्रम में, अस्थानों में। यहाँ के लोग साधारण मनुष्यों की तरह क्षमाशीलता जैसी मामूली बातों को चाल-चलन में नहीं उतारते। दया-करुणा का चक्कर फैलाने वाले ये निर्दयी बड़े कठोर और हत्यारे हैं।

स्वामी श्रद्धानंद की आत्महत्या रहस्य है। मठ और ब्रह्मज्ञान का तिलिस्म। टीकमगढ़ के सेठ की कोमल कच्ची लड़की को सबसे पहले कौन हथियाए, इस चक्कर में मारे गए श्रद्धानंद। इन्हीं गुरुदेव ने फरसे से उनका लिंग काट डाला था !

जोग ! ध्यान ! समाधि में कुत्ते की पूँछ की तरह दबा बालकिशन छः महीने के बाद निकला, तो ज्यों का त्यों–टेढ़ा का टेढ़ा।

चल बालकिशन, यहाँ से चल। कहाँ ? कहीं भी। जहाँ लोग हों, जीवों का समाज हो। मनुष्यों की दुनिया में, न सही, शीलो के पास। जो त्याग आया, उसे क्या अपनाना ?

ओरछा जाकर राम राजा के दर्शन। हरदौल जू...

इस जीवन से तो लाख गुना अच्छा है कि राम राजा के मंदिर की सीढ़ियाँ धोकर जीवन काट दे। मन में रामचंद्र सीता साथ में लक्ष्मण–पूरी एक झाँकी ! झाँकी उतार लेने में कुशल है बालकिशन। जुगत जुटाने लगा ओरछा जाने की।

जो इच्छा कीजै मन माही,
राम कृपा कछु दुरलभ नाहीं।

अच्छे कर्मों का फल कि हरिद्वार के साधु मठ पर आ गए। ओरछा धाम जा रहे थे भोग-भंडारे में। राम-नौमी को जमात जिंवाई जाएगी।

मंदिर ! राम राजा की जै !

जगमगाते सपने के बीच आँखें खोलीं बालकिशन ने। सफेद मंदिर-बुर्जियाँ गुलाबी–वह देखता रह गया। मन के अँधेरे कोनों तक गई जगमगाहट।

अहाते से निकलकर पौर फिर आँगन। सफेद-काली डिब्बी-संगमरमरी।

आँगन। आँगन में पेड़–हरियल रंगत। बालकिशन के मन की सूखा पर हरी-भरी छाँह पड़ी। उसने गहरी-गहरी साँस लेकर प्राणवायु खींची।

आँगन से दालान तक आ गया। और दालान में एक-एक खंभा निहारने लगा। अयोध्या नगरी में आ गया है। राजा दशरथ के घर ? दालान की छतों से लटके आतिशदान और खंभों पर बैठे मोर नीले पंखों वाले, लंबी गर्दन निकाले हुए। सिंहासन के नीचे दालान में भक्तों की भीड़। वह जोगिया जामा पहने खड़ा है। लटें गर्दन पर।

उस भीड़ में से बालकिशन की आँखों ने ढूँढ़ लिए हरदौल जू। बाँकी छवि। सुंदर चेहरा कँटीली मूँछें। मोतियों की लड़ियों से सजे हरदौल जू ! भाभी की मुहब्बत में कुर्बान होने वाले हरदौल भइया ! बालकिशन को लगा,

उनके चित्र में वह खुद जा टँगा है। जन परजा देख रही है उसकी ओर। जैकारे बोले जा रहे हैं उसके। जो दूसरे के सत्त के लिए मरे...

मन की तासीर एकदम बदल गई। साधुवासा का ध्यान बिसर गया। संग आए संतों से चुपके-चुपके अलग हो गया बालकिशन। और दबे पाँव जा पहुँचा एकांत में।

"भाई भगतो, पट खुलने वाले हैं। झाँकी के लिए आगे आ जाओ।"

बालकिशन चौकन्ना हुआ। सिंहासन के निकट तैनात सिपाही पुलिसिया गाली-बाज नहीं है, मीठी बोली बोलता है। वह गद्गद् हो गया—रामराज्य ! दाढ़ी मूँछों के काले गुच्छों में मुस्कराता हुआ आगे बढ़ने लगा।

शंख बजा। मंजीरे टुनके। और ढोल की ताल।

"ओरछा के राम राजा दरसन देना जी,
दरसन देना, पाँव परसन देना जी।"

औरतों, बच्चों और जवान-बूढ़े भक्तों का सम्मिलित कीर्तन। रस की धारा बही चली आ रही है—बालकों की छोटी-छोटी तालियाँ—पट्ट-पट्ट !

बालकिशन को अपने सुकर्मों पर विश्वास हुआ। उसको संसार पर भरोसा हुआ। उसको अमर ज्योति का दर्शन हुआ—प्रभो ! यही है वह दुनिया, जिसे मैं खोजता-फिरता हूँ।

ठीक बारह बजे का समय।

सिपाही ने बंदूक से सैल्यूट दिया—ठक्क ! रामराजा को ओरछा नरेश का प्रणाम हरदौल जू का प्रणाम। रानी का प्रणाम। तीन बार सैल्यूट—ठक्क ठक्क ठक्क।

साष्टांग दंडवत लेट गया बालकिशन।

खड़ा होकर तरसी हुई निगाह से देखने लगा—मन की सारी व्यथा उड़ेलना चाहता है बीहड़वासी। देह का चूरमा बनाकर आया है टूटा-फूटा-सा...

पट खुले हुए हैं—गर्भगृह में सिंहासन पर खड़े हैं राम-श्याम वर्ण, लक्ष्मण-श्याम वर्ण और पवनपुत्र भी श्यामवर्ण !

बालकिशन, तू अधम जीव, भगवान दर्शन नहीं देंगे। अभागे तेरे पाप तुझे अंधा किए हुए हैं। कौन बोला ? स्वयं बालकिशन।

हाँ, उसे राम, लक्ष्मण और हनुमान नहीं दिखाई दे रहे। क्या भीड़ के पीछे खड़ा है, इसलिए ? आगे बढ़ चला बालकिशन। आँखों की ज्योति झूठी

पड़ गई क्या ? या रोशनी जाती रही--जोगी मठ का भागा हुआ साधु। गुरुदेव ने श्राप दिया है।

हथेलियों से आँखें रगड़ता है बार-बार। भाई की स्त्री से संबंध बनाने वाले बलि का वध किया था राम राजा ने। माँ के साथ...उसे शीलो समझकर सपने में ही जो कुछ किया, पाप तो किया। कुँआरी कन्या कांता पर कुदृष्टि...

बालकिशन की आँखें छलछला आईं।

रोता हुआ भक्त बालक ! दया माया का भूखा। प्रेम का चातक बालकिशन आँखें भर-भरकर रोता है। मंदिर में आकर अंधा हो गया।

कि अचानक रोशनी पा गया।

चकाचौंध ! भ्रमा भूला-सा देखता है--राम नहीं, लक्ष्मण नहीं, पवन पुत्र नहीं, प्रकटी तो सिया सुंदरी जू।

हे जनकलली ! मैं देख पा रहा हूँ, पर तुम अकेली ?

मुस्कराती है सिया जू। मुस्कान की होंठों से रस छलकता है--वह छविरस पीने लगा। अघाता नहीं, कितना प्यासा है !

हैंऽऽ ! सिया जू की गढ़त बनत...अंग-अंग में शीलो !

एकदम शीलो ! शीश से पग नख तक निहारता है बार-बार।

पहचान ? होंठ भरे-भरे, नाक की लौंग में सफेद काँच की बूँद, छोटा-सा माथा, और ठोड़ी पर नीला गुदना।

मन का पाप ! तू पापी है। देवी सीता कहाँ, शीलो अधम कहाँ ?

सब कुछ भूल सकता है बालकिशन, ठोड़ी का गुदना नहीं भूल सकता। आँखें झुका लीं। यह मंदिर है। वह देवी के सामने खड़ा है।

आँखें ढीठ हो चलीं। दुस्साहसी फिर सिया जू को निरखने का हौसला जुटा बैठा, शीलो का पहनावा--ऐसी ही तो लाल रंग की साड़ी, ऐसा ही कसावदार बिलौज...खलकामी जीव की निगाह मैली है।

चेहरा झुकाए नतमस्तक...परब त्योहार ऐसे ही दमकते मुख डोलती थी आँगन में। अपने खेत की मिट्टी की रंगत कौन सा किसान न पहचानता होगा ? शीलो की देह बादामी मिट्टी के रंग की, एकदम सिया जू जैसा रंग। सीने के नीचे लहरदार कमर !

शीलो पूरी की पूरी खड़ी है सामने। उसने आँखें मूँद लीं। पलकों के बीच हैं सिया जू। नहीं, कानों में पायजेबें छनक रही हैं।

सिंहासन से उतरी चली आ रही हैं सिया जू।

शीलो एक-एक डग धरती हुई...

सुनहरी किनारी की लाल साड़ी। बिलौज में से झलमलाता बदन। बालकिशन की नजरें चिकनी देह पर रपट रही हैं। आवरण उठते चले जा रहे हैं खुद ब खुद, या उसकी निगाहें हो रही हैं आवरण के पार...? सारे पर्दे हट गए, वह किस लोक में आ पहुँचा ? पवित्र मंदिर में ब्रह्मलोक ! नहीं, उसके मन ही बस गई ऐसी मनचाही बसावट। हैरान बालकिशन को कोई धोखा कैसे हो सकता है ? शीलो की मिट्टी के रंग की देह, छातियाँ, छातियों के ऊपर झरबेरी की बिरियाँ...वह दुधमुँहे भूखे बच्चे-सा होंठ खोले आगे बढ़ रहा है...सीता माता जगज्जननी ? उसके बिछोह में बावरी शीलो ! भेद नहीं कर पा रहा है।

भक्तगण आरती गा रहे हैं। मंदिर गूँज उठा। सचेत है बालकिशन, पुजारी को देख रहा है—नंगे बदन लड़क उमर पुजारी की गोरी गर्दन पर घुँघराले केश झूल रहे हैं, हाथ में आरती के थाल में सुनहरी लौ जलता दिबला, बालकिशन गर्भगृह में प्रवेश कर गया।

साधारण मनुष्य भगवान के लोक में ?

उसी दम आरती गायन रोक दिया गया। पुजारी के हाथ में थाल थरथराया। दिबला की लौ काँपने लगी। रामराजा सहित लक्ष्मण पवनपुत्र और सीयाजू पर पर्दा डाल दिया।

भक्तगण ! श्रद्धा से लबालब ! गालियों की बौछार करने लगे।

बालकिशन घबरा गया, शीलो कहाँ ? सिया जू अंतर्धान हो गईं ?

—कौन है यह नीच ?

—बाहरी आदमी। साधु के बाने में उचक्का बदमाश।

—मारो साले को। घेर लो, जाने न पाए, बहन चो...

—पापी मंदिर की मर्यादा नहीं जानता ?

—देवी का बदन सहला रहा था, आँचल खोलकर।

—छिः होंठ बढ़ा रहा था मूर्ति के होठों की ओर।

—नरक का कीड़ा, साला संत भेस में बदकार आदमी।

जैसे ही सिपाही ने बाँह पकड़कर खींचा, "ऐऽऽ, लुच्चपन करता है ? हरामी, चल थाने। बेंतों के मारे चमड़ी उधेड़ दी जाएगी।

मंदिर में ही खाल उधड़ने लगी बालकिशन की। गालों पर बेहिसाब थप्पड़...लगा कि खोपड़ी उड़ जाएगी। कंधे कूट-कूटकर नीचे गिरा दिया गया। बीसियों जोड़ी लातों से पसलियाँ चूर-चूर...कमर तोड़ रहे हैं लोग। वह किसी तरह उठकर खड़ा होना चाहता है, गिरता पड़ता। दीवार के सहारे अधमरा बैठा-सा...बगल में खड़ा आदमी झुककर उसका कान उखाड़ रहा है। एक व्यक्ति दाढ़ी-मूँछें नोंच रहा है। इस क़त्लगाह से कैसे भागे ? किधर भागे ? दहशत से घिग्घी बँधी है। इशारे द्वारा दया की गुहार करता है।

नहीं सुनता कोई। वह सीता मइया का अपराधी, जो मारेगा, उसे ही पुण्य लाभ होगा।

भक्तों ने उसका नया कुर्ता चीर दिया। देह से उतार लिया। अट्टाहास हुआ। केवल कोपीन में खड़ा है खून से नहाया हुआ। बालकिशन के मन में बड़ी लालसा थी—पवनपुत्र हनुमान बनने की, सिंदूर में पुता है आज।

कौन कहेगा कि यह बालकिशन है ? शीलो भी नहीं पहचान सकेगी। पागल सिर्री आदमी। मंदिर के बाहर का भिखारी।

—अरे, ज्यादा मारपीट मत करो। मर गया, तो तीरथधाम अपवित्र।

—मारो, निकालो। मारो, निकालो। मारो, निकालो।

बालकिशन ने पगले की तरह देखा पलकें उठाते हुए—कीर्तन के शब्द बदल गए है ? यह कौन सा गीत है ?

उसकी जीवित आँखें अब भी तरस रही हैं सियाजू की छवि पाने के लिए। एक बार और शीलो को देख लेना चाहता है। ये घाव चोट उसी की सौगात...उसी की निशानियाँ...लेकिन पर्दा खिंचा है, पट बंद है।

वह मंदिर के बाहर पटक दिया गया। लँगड़ाता कराहता हुआ चलने लगा आगे, और आगे...मठ-मंदिर पीछे छूट गए। भीतर कोई निश्शब्द बोल रहा है, मैं आ रहा हूँ...मैं जा रहा हूँ।

●●●